Inhaltsverzeichnis

Vom Wald zur offenen Landschaft

In den trockensten und wärmsten Bezirken der Waldzone liegen Stellen mit einem Übergewicht an Schwarzerdeböden, die in der Nacheiszeit eine andere Entwicklung durchgemacht haben als die zusammenhängenden Waldgebiete. Es sind dies die ältesten landwirtschaftlich genutzten Böden. Hier hat der Mensch durch Ackerbau und Viehzucht die Entwicklung der zusammenhängenden Walddecke verhindert.

An bestimmten Stellen sind aber auch andere Ursachen für die Verhinderung der zusammenhängenden Waldentwicklung verantwortlich.

Im rauhen Klima der Alpin- und Subalpinstufe bildeten sich waldlose Formationen, die weitgehend der Vegetationsdecke während der Vereisung großer Teile des europäischen Kontinents ähnelten, ebensowenig konnte eine zusammenhängende Walddecke in felsigem Gelände entstehen und nicht an dauernd von stagnierendem oder fließendem Wasser überschwemmten Orten.

Seit der jüngeren Bronzezeit begannen die Waldflächen der menschlichen Besiedlung und der menschlichen Tätigkeit zu weichen. Im Vergleich zu den alten Urwäldern hat die heutige Kulturlandschaft mit kleineren oder auch größeren „Waldinseln" eine wesentlich größere Vielfältigkeit: In ihr leben viele Pflanzen- und Tierarten, die unter den früheren Bedingungen nicht gedeihen konnten.

In diesem Komplex der Natur- und Ersatzbiotope nimmt die Vegetation der Wiesen und Gewässer und ihrer Berührungspunkte — der Ufer — eine Sonderstellung ein.

Wiesen und ihre Einteilung

Viele Forscher sind übereinstimmend der Meinung, daß offene Wiesenformationen unter natürlichen Bedingungen nur in der Nähe der Überschwemmungszonen großer Wasserläufe entstehen konnten, da hier der periodische Eisgang die Ausbreitung der Auenwaldhölzer stark behinderte. An den Ufern der europäischen Flüsse kann man also am ehesten natürliche Wiesen antreffen.

Aber auch viele von Menschen bewirtschaftete Kulturwiesen entstanden in Gewässernähe, nicht nur an den Ufern in Flußtälern, sondern auch in der Umgebung von künstlichen Wasserbehältern, an Fischteichen und Seen. Charakteristische Pflanzen der Wiesen und Gewässer der nördlichen gemäßigten Zone sollen auf den Seiten dieses Buches vorgestellt werden.

PFLANZEN
AUF WIESEN UND AM WASSER

Pflanzen
auf Wiesen
und am Wasser

Text von V. Větvička
Illustrationen von Z. Krejčová

Werner Dausien • Hanau

Pflanzen auf Wiesen und am Wasser

Text von Václav Větvička
Illustrationen von Zdena Krejčová
Übersetzt von Jürgen Ostmeyer
Deutsche Textbearbeitung von Karl-Heinz Krüger
Graphische Gestaltung von Antonín Chmel
© 1981 Artia, Praha
Sämtliche Rechte der Verbreitung,
einschließlich der Wiedergabe durch Film,
Funk, Fernsehen, Fotomechanik
und andere technische Mittel — auch in Form
von Auszügen — bei Artia-Verlag, Praha
VERLAG WERNER DAUSIEN · HANAU/MAIN
ISBN 3-7684-2107-4
3/15/06/52-01

Die hier dargestellten Wiesen sind nicht die einzigen offenen Vegetationsformationen unserer Erde. Als nächste Verwandte könnte man z. B. Bergwiesen, Höhenwiesen und kurzhalmige Matten, Almen (vom Vieh abgeweidete Bergwiesen) nennen, viele wärmeliebende (xerotherme) Rasen und Bestände, die als Steppen bezeichnet werden.

Ausgedehnte waldlose, vorwiegend grasbestandene Flächen sind nicht nur in der gemäßigten Zone der Alten Welt anzutreffen, hierzu gehören auch verschiedene tropische und subtropische wiesenähnliche Formationen, etwa die afrikanischen Savannen, die südamerikanischen Pampas, Campos, Llanos usw., ausgedehnte Grasflächen, in denen nur hier und da Einzelbäume bzw. Baumgruppen wachsen.

Auch auf dem nordamerikanischen Kontinent gibt es ausgedehnte Grasflächen, die sog. Prärie.

Diese Grasgesellschaften kann man aber nicht zu den Wiesen in unserem Sinn zählen.

Aus dem Blickwinkel des Menschen ist die Wiese eine Grasfläche, die regelmäßig gemäht wird und Heu liefert. Die hier aus eingeschleppten Samen bzw. vegetativ wachsenden Hölzer werden entfernt. Die meisten Wiesenpflanzen, insbesondere die Gräser sind Mesophyten, d. h. Pflanzen, die unter mittleren Bedingungen von Feuchtigkeit, Wärme und Ernährung wachsen (daher Meso — phyten), eine recht breite Gruppe von Organismen mit vielen Übergängen zu anderen Typen und Bedingungen des jeweiligen Standorts in bezug auf Ernährung, Wärme oder Feuchtigkeit.

Ursachen und Gesetzmäßigkeiten sucht der Mensch überall im Geschehen der Natur, er will einfach überall Klarheit haben und alles einordnen. Das gilt auch für die Botanik. So entstand im Jahr 1966, gestützt auf eine umfangreiche Zusammenarbeit vieler Wissenschaftler aus aller Welt ein übersichtliches physiognomisch-ökologisches System der Pflanzenformationen unserer Erde. Die terrestrischen Kräuterformationen — d. h. solche, in denen hohe Gehölze fehlen, werden in diesem globalen Maßstab folgendermaßen unterschieden:
1. Wiesen, Weiden und verwandte Grasformationen
2. Seggensümpfe und Quellgebiete
3. Steppen und verwandte Grasformationen
4. Savannen und verwandte Grasformationen
5. Salzliebende Kräuterformationen
6. Formationen aus breitblättrigen Kräutern

Unser Buch bringt in Beschreibung und Bild Pflanzen aus den beiden ersten Gruppen (Formationsunterklassen), ebenfalls Kräuter aus der Wasserpflanzenformation. Diese werden im erwähnten botanischen System in folgende Untergruppen eingeteilt:
1. Bruchwiesen

2. Röhricht
3. Formation der wurzelnden, schwimmenden Pflanzen
4. Formation der wurzelnden, untergetauchten Pflanzen
5. Formation der frei schwimmenden Süßwasserpflanzen

Die Auswahl der Wiesen- und Wasserpflanzen beruht also nicht auf Zufall, sondern es handelt sich um Pflanzenformationen, die einander nahestehen und an geeigneten Stellen sogar durchgängige Bestandsketten bilden, die vom Wasser auf das Land übergehen. Eine Grenzziehung zwischen den einzelnen Beständen und Zonen ist sehr schwer, da sich unter den Wiesen- und Uferpflanzen (Sumpfpflanzen) sehr viele befinden, von denen man sagt, daß sie eine breite ökologische Amplitude aufweisen; man könnte sagen, daß sie „überall wachsen". Solche Pflanzen sind sehr genügsam gegenüber den Bedingungen ihrer äußeren Umgebung. Als gutes Beispiel kann man das Gemeine Schilfrohr *(Phragmites australis)* anführen, das im ufernahen Wasser, auf Wiesen und Weiden, an Wegen — ja sogar in Felsritzen wächst. Es verträgt also nicht nur eine völlige Überschwemmung der Basis, sondern auch beträchtliche Trockenheit.

Die Wiesenpflanzen im engeren Sinne des Wortes wurden in Beziehung zum Wasserregime des Standortes geordnet, daher stellen wir sie in folgenden Gruppierungen vor:

a) Die Pflanzen der trockenen und warmen Wiesen sind ein Beispiel für Wiesenorganismen mit höheren Ansprüchen an die Temperatur, die eine gelegentliche Trockenperiode bzw. einen weit entfernten Grundwasserspiegel tolerieren. Typische Vertreter sind die Gräser der Trespengattung *(Bromus),* nach denen man diese Formationen auch Trespenwiesen nennen könnte. Für Wirtschaftszwecke werden diese Wiesen normalerweise nur einmal gemäht — meist im Früh-

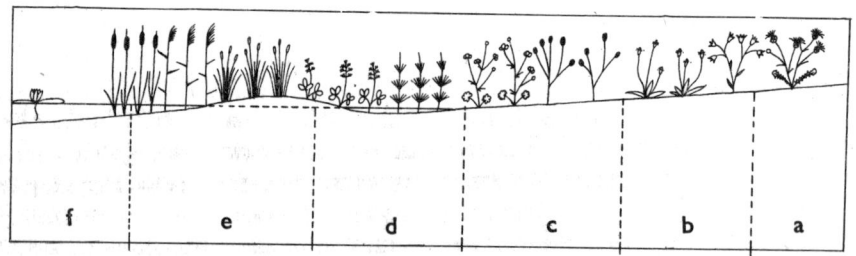

Der vereinfachte Geländequerschnitt illustriert nicht nur die Situation in der Natur, er erläutert auch den Gesichtspunkt, nach dem die Pflanzen in diesem Buch vorgestellt werden.

a) Pflanzen der trockenen, warmen Wiesen
b) Pflanzen der trockenen bis frisch-feuchten Wiesen
c) Pflanzen der feuchten bis nassen Wiesen
d) Pflanzen der Bruchwiesen
e) Sumpf- und Uferpflanzen
f) Tauch- und Schwimmpflanzen

sommer — und dann nur noch beweidet; meist befinden sie sich in leicht hügeligem Gelände, vor allem auf wärmeren Hängen in Süd- oder Südwestlage.

b) Die Pflanzen der trockenen bis frisch-feuchten Wiesen kann man als klassische Wiesenpflanzen ansehen. Wie überall, stellen auch hier die Gräser die überwiegende Mehrheit (z. B. Raigras, Knäuelgras, Ris- pengras, Lieschgras); darüber könnte die Artenauswahl in diesem Buch leicht hinwegtäuschen. Die hier aufgeführten, farblich attrakti- veren Wiesenblumen dominieren in den Beständen nicht, sind aber trotzdem charakteristisch. Es sind typische Gesellschaften der bewirt- schafteten, nährstoffreichen Wiesen im Tiefland und in mittleren Berg- lagen. Normalerweise sind sie zwei- und mehrschürig, in Westeuro- pa werden sie meist dreimal gemäht oder anstelle der letzten Mahd im Herbst beweidet. Sie sind unabhängig von der Höhe des Grund- wasserspiegels bzw. von gelegentlicher Überflutung.

c) Eine große und in der Zusammensetzung außerordentlich bunte Gruppe sind die Pflanzen der feuchten bis nassen Wiesen. In der Regel handelt es sich um mehrschürige Wiesen (mindestens 2× jähr- lich gemäht), doch vielfach verhindert die Feuchtigkeit eine höhere wirtschaftliche Nutzung. Viele Pflanzen dieser Gruppe können gleichzeitig auch in die folgende Gruppe eingeordnet werden. Ein Beispiel ist das Mädesüß *(Filipendula)*: Im Flächenbewuchs bilden die Mädesüß-Wiesen eine typische Wiesengesellschaft, doch bringt die- selbe Pflanze an den Ufern von Bächen und Flüssen auch zonenartige Gesellschaften hervor.

d) An Stellen mit stagnierendem Wasser (hoher Grundwasserspiegel) entstehen Bruchwiesen-Gesellschaften. Unter den Pflanzen dieser Standorte fehlen in der Regel auch die Torfmoose nicht. Aus diesem Grund wird gelegentlich der Ausdruck Torfmooswiesen verwendet. Die Böden, auf denen die Pflanzen der Bruch- und Torfmooswiesen wachsen, sind meist ziemlich nährstoffarm (oligotroph). Auch in wirt- schaftlicher Hinsicht haben sie keine große Bedeutung. Zwar sind diese Bestände wirtschaftlich ärmer, dafür aber aus dem Blickwinkel der Botanik reicher und bedeutsamer. An solchen Stellen wachsen nämlich viele heute bereits seltene oder bedrohte Pflanzenarten (z. B. aus der Familie der Orchideengewächse). Andere dort wachsende Pflanzen, etwa der Sonnentau, sind wegen ihrer mixotrophen Ernäh- rungsweise hochinteressant. Leider führt das Streben nach wirtschaft- licher Nutzung dazu, daß solche Gelände entwässert werden. Unmit- telbar auf die Änderung des Wasserregimes folgt die Veränderung der floristischen Zusammensetzung; und so werden die seltensten Sumpfpflanzen noch seltener — bis sie eines Tages auf den Seiten des „Red-Data-Book" der bedrohten und ausgestorbenen Arten enden.

e) Die Ufer sind der Übergang vom Land ins Wasser, überaus reiche Stellen, da hier Dutzende, Hunderte und Tausende von Organismen einen geeigneten Lebensraum gefunden haben — angefangen von den Mikroben bis zu den mächtigen Schilfpflanzen. Beachtlich ist dabei nicht nur die Menge der hier lebenden Organismen, sondern auch ihre Artenvielfalt — nicht nur an einer bestimmten Stelle, sondern an Ufern allgemein. Die Ufer der Gebirgsbäche säumt eine ganz andere Pflanzenwelt als die der Tieflandflüsse; -zig weitere Pflanzenarten wachsen an den Ufern von Teichen und Seen, weitere erscheinen periodisch auf dem trockenliegenden Gewässergrund.

Die meisten Ufer- und Sumpfpflanzen lieben Sonne und Licht. Sie brauchen übermäßige Hitze nicht zu fürchten, sie müssen nicht mit Wasser haushalten. Sie wurzeln im Schlamm oder in periodisch überschwemmten Böden. Viele haben einen beträchtlichen Teil ihres Körpers unter Wasser und ragen nur teilweise über die Oberfläche hinaus.

f) Typische Vertreter findet man im Röhricht — gemeint sind also nicht nur Schilfbestände, sondern auch ähnliche Pflanzen wie Schwadengräser, Binsen, Rohrkolben u. a. Sie wachsen meist an den seichten Teich- und Seerändern und zeichnen sich durch eine schnelle und reiche vegetative Vermehrung aus. In seichten Gewässern können sie sogar zum sehr gefährlichen Unkraut werden, das in kurzer Zeit ausgedehnte Flächen einnehmen kann. Solche Bestände steigern nicht nur die Verdunstung in einem stehenden Gewässer, sie lassen Bewässerungssysteme zuwachsen und beeinträchtigen die Fischwirtschaft. Ihre schnelle vegetative Vermehrungsfähigkeit kann man aber auch erfolgreich ausnutzen, z. B. in Klärbecken bei der Reinigung von Abwässern, da die Schilfpflanzen in ihrem Gewebe Mineralelemente speichern und so als biologische Filter wirken können.

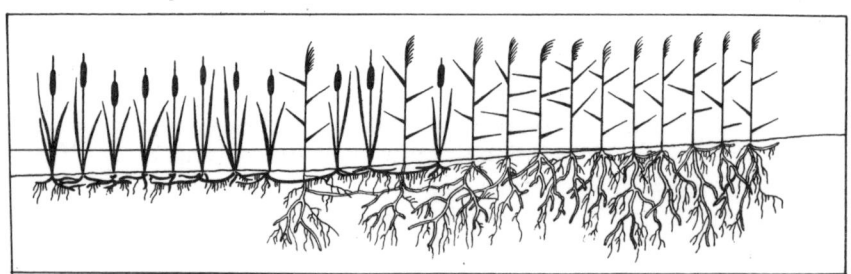

Die Ufer stehender Gewässer wachsen oft mit Schilf und Rohrkolben zu. Das Schilf setzt sich näher am Ufer fest (im seichten Wasser), seine Wurzelsysteme dringen in größere Tiefe vor. Der Rohrkolben expandiert auch in tieferes Wasser weiter vom Ufer weg, seine Wurzelsysteme sind ziemlich flachgehend.

Röhrichtbestände können in einer einzigen Saison ihr Territorium verdreifachen. Ein Charaktermerkmal dieser Gesellschaften ist eine zonenmäßige Ausbreitung entlang der Ufer, in der Regel vom Grundwasserspiegel und Überschwemmungen abhängig. Die Röhrichtpflanzen und die daran anschließenden Bestände aus großen Seggen lassen sich wegen ihrer Expansionsfreudigkeit nur schwer zurückdrängen. Sie tragen zum Verlanden von stehenden Gewässern bei. Die Menge der organischen Masse (Biomasse) der Schilf- und Röhrichtpflanzen ist ganz außerordentlich; ihre sich ansammelnden Überreste beschleunigen die Schlammbildung. Das dichte Gewirr der Wurzelstöcke und unterirdischen Ausläufer befestigt (armiert) diesen Schlamm. Das alles geht auf Kosten von Wasserfläche und Umfang eines Gewässers.

Während die Ufer- und Sumpfpflanzen ein Zuviel an Wasser vertragen (aber auch gelegentlichen Mangel), sind die Wasserpflanzen ohne Wasser kaum lebensfähig. Man teilt die Wasserpflanzen in untergetauchte (submerse) und treibende oder schwimmende (demerse) sowie aus dem Wasser herausragende (emerse) ein. Ein anderes Kriterium für die Einteilung der Wasserpflanzen ist ihre Wurzelung. Man kann Pflanzen unterscheiden, die im Gewässergrund wurzeln und solche, die schwimmen oder schweben, deren Wurzeln (falls sie überhaupt ausgebildet sind) frei im Wasser „hängen".

Es wäre ein Fehler anzunehmen, daß das Wasser die Evolution und Entwicklung von Pflanzengesellschaften weniger gut gestattet als das Erdreich. Allerdings sind die Gesellschaften der treibenden und schwimmenden Pflanzen unter den Bedingungen der nördlichen gemäßigten Zone recht artenarm. Am häufigsten sind hier Bestände aus Wasserlinse und Froschbiß. Die Wasserlinse bildet Gesellschaften mit zeitlich begrenztem Vorkommen bei geringer Ausdauer. Nicht einmal die Vertretung der verschiedenen Wasserlinsenarten ist im Laufe einer einzigen Vegetationssaison konstant, sie ändert sich vielmehr im Laufe des Jahres. Demgegenüber kann man Froschbißbestände meist als konstant oder wenigstens langfristig ansehen — vorausgesetzt, daß auch das Wasserregime konstant bleibt.

Änderungen des Wasserregimes (starke Schwankungen des Wasserspiegels, evtl. gelegentliche kurzfristige Entleerung eines Wasserbehälters) beeinflussen aber die Gesellschaften der im Gewässergrund wurzelnden Pflanzen nicht sehr. Auch sind diese floristisch weniger reich als die Pflanzenbestände der Wiesen, gewöhnlich dominieren hier die verschiedenen Laichkräuter und auf der Wasseroberfläche die See- und Teichrosen. An das gelegentliche Entleeren des Behälters bzw. an Schwankungen des Wasserspiegels haben sich diese Pflanzen auch dadurch angepaßt, daß sie terrestrische Formen ausbilden, die sich manchmal ziemlich stark vom Aussehen der normalen, im Wasser befindlichen Pflanzen unterscheiden. Ein Beispiel liefern Wasserknöterich, Seekanne, Schwimmendes Laichkraut u. a.

Die Bedeutung der submersen Wasserpflanzen für das Leben in einem Wasserbehälter kann jeder Aquarianer bestätigen. Solche Bestände beeinflussen weitgehend die Eigenschaften des Wassers (Sauerstoff- und Kohlendioxidgehalt, pH-Wert Wasserstoffionenkonzentration, usw.) Viele Wasserpflanzen sind Indikatoren für den sauren oder basischen Charakter des Wassers. Für Fischer und Teichwirte sind die untergetauchten Wasserpflanzen wichtig. Diese Bestände sind geeignete Laichplätze für die Fische, denen sie gelegentlich auch als Schlupfwinkel dienen. Die großblättrigen Schwimmpflanzen — wie etwa Teichrosen — oder das Überhandnehmen verschiedener Wasserlinsenarten in (überdüngten) Gewässern können die Wasseroberfläche stärker beschatten und so die Sonneneinwirkung auf die Wassersäule herabsetzen. Wie aber eingehende Messungen in den Beständen von Laichkraut, Seekanne und Wassernuß gezeigt haben, war die Temperatur unter den schwimmenden Blättern auf der beschatteten Wasserfläche nirgends niedriger als die Temperatur der unbeschatteten Umgebung.

Die untergetauchten Wasserpflanzen, wie auch die Pflanzen im seichten Wasser an den Rändern stehender Gewässer sind ein Zufluchtsort für viele andere Lebewesen. Die Wasser- und Uferpflanzen sind ein geeignetes festes Substrat, auf dem Wassertierchen herumkriechen, wo sie ihre Eier legen und Unterschlupf finden.

Die Ufer- und Röhrichtpflanzen bieten auch vielen Wasservögeln Unterschlupf. Enten, Gänse, Taucher, Rohrdommeln, Bleßhühner und viele andere bauen sich hier ihre Nester aus Schilf und Gräsern. Zwischen den Schilfhalmen flechten Rohrsänger ihre kunstvollen Nester und beleben mit ihrem unermüdlichen, manchmal etwas krächzenden Gesang die Stille der Seen.

g) Eine ganz eigenartige Stellung unter den Wasser- und Sumpfpflanzen nimmt die Vegetation der trockenliegenden Gewässergründe und abgelassenen Teiche ein. Das sind kurzlebige Pflanzengesellschaften mit einer schnellen Entwicklung. Die Pflanzen der trockenliegenden Gewässergründe produzieren große Samenmengen, deren Keimfähigkeit lange erhalten bleibt. Es handelt sich um ausgesprochen lichtliebende Pflanzen, die keine Konkurrenz von hochwüchsigen Kräutern vertragen. Ihre Gelegenheit kommt dann, wenn sich in einer Landschaft neuer, „jungfräulicher" Boden zeigt — und das ist der trockenliegende Gewässergrund. Innerhalb kurzer Zeit keimen sie, wachsen heran, blühen auf und gelangen zur Samenreife — dann kann sich der Teich wieder mit Wasser füllen. Bleibt das aus, würde die Entwicklung der Vegetationsdecke weitergehen im Sinne einer terrestrischen Vegetation, entsprechend den Bodeneigenschaften des trockenliegenden Grundes. Mit dem Auftreten hoher Sumpf- und Wiesenpflanzen würde die Initialvegetation des trockengelegten Gewässergrundes untergehen.

Zu den typischen Pflanzen des trockenliegenden Grundes zählen viele einjährige Kräuter, sehr häufig findet man dort aber auch terrestrische Formen verschiedener typischer Wasserpflanzen: Flutender Hahnenfuß, Knötericharten, Laichkräuter und andere. Auf ausgeschwemmten, unfruchtbaren und sandigen Gewässersohlen kann man sehr oft auch sog. Nanismen antreffen — Pflanzen mit abnormalem Krüppel- oder Zwergwuchs, nur mit einigen wenigen Blättern ausgestattet, einem kleinen Stengel und einem armen Blütenstand.

Die Entwicklung der Pflanzendecke auf der trockenliegenden Gewässersohle ähnelt manchmal einer Explosion. Fast von einem Tag auf den andern färbt sich der Grund grün — nach einigen Wochen verschwindet die Vegetation genau so plötzlich.

Die Blütenvielfalt der Wiesen

Unter den Wiesenpflanzen sind viele sehr prächtig. Die Farbpalette ihrer Blüten umschließt fast das gesamte Spektrum. Allerdings wachsen auf den Wiesen auch Pflanzen mit weniger prächtigen, ja unscheinbaren Blüten.

Ein Beispiel für die erste Gruppe ist die Narzisse. Ihre Blüte hat einen klassischen Bau, eine gut entwickelte Hülle und regelmäßig ausgebildete Reproduktionsorgane (Staubgefäße, Stempel), sie ist ein hinreichend großes optisches Lockmittel für die bestäubenden Insekten. Andere, in der Regel kleinblütige Pflanzen, behelfen sich anders: Ihre Blüten sind zu vielzähligen Blütenständen zusammengeballt. Bei einer ganzen Reihe von Pflanzen hat diese Einrichtung mindestens zweifache Bedeutung. Eine einzelne kleine Blüte könnte leicht von den Insekten übergangen werden, die farbige Fläche der zu Ständen geballten Blüten ist aber schon ein wirkungsvolles Lockmittel. Nur bei wenigen Pflanzen öffnen sich die Blüten in einem Stand alle gleichzeitig (dann sind sie in der gleichen „phänologischen Phase"). Meist öffnen sie sich nach und nach, je nach Pflanzengruppe und Blütenstandstyp auf spezifische Weise.

Beim heutigen Entwicklungsstand der Pflanzen haben es dabei die Korbblütler *(Compositae)* zur höchsten Vollendung gebracht. Die schönen, für Wiesen typischen „Blüten" der Margeriten sind vielzählige Blütenstände, die aus einer großen Anzahl winziger Zentralblüten im Körbchen und vielen Randblüten mit asymmetrischer, zungenförmig ausgebildeter Krone bestehen. Das Ganze ähnelt in der Tat der geschlossenen Einheit einer einzigen Blüte; es handelt sich aber um eine sog. biologische, funktionelle Blüte, um einen Blütenstand.

Die ausgeprägte Auffälligkeit der Wiesenblüten beruht freilich nicht nur auf ihrer Größe, sondern in erster Linie auf ihrer Farbigkeit. Da aber nicht alle Pflanzenarten auf einmal zur Blüte kommen, entsteht der Anschein, als ob sich die Wiese ständig in eine neue Farbe kleiden würde. Diese Farbeffekte hängen von der zahlenmäßigen Vertretung einer bestimmten Art im Bestand ab, dann natürlich auch davon, ob sich die Pflanzen der betreffenden Art in der gleichen phänologischen Phase befinden.

Die großblütigen bzw. auffällig gefärbten Pflanzen fallen auf einer Wiese am meisten ins Auge, obwohl sie zahlenmäßig in der Minderheit sind. Die zahlreichste Gruppe der Wiesenpflanzen wird von den Gräsern *(Poaceae)* und grasartigen Pflanzen im weiteren Sinne des Wortes gestellt. Ihre Blüten sind aber sehr unscheinbar, in der Regel sind sie klein — auch wenn sie zu großen Blütenständen angeordnet sind, entgehen sie der Beachtung, wohl deswegen, weil sie sich farblich nicht besonders abheben. Meist sind sie grünlich oder weißlich und nur selten durch einen kräftigeren Farbakzent angereichert, wie etwa durch violette oder strahlend gelbe Staubgefäße.

Der Blütenbau der Gräser ist eigenartig und im ganzen Pflanzenreich einmalig. Der Stempel hatte ursprünglich drei Fruchtblätter. Bei den heutigen Gräsern erscheint er als ein einheitliches Organ ohne irgendwelche Verwuchsspuren der Fruchtknoten. Die sehr kurzen Griffel (meist zwei) enden in deutlichen, federförmigen Narben. Die Staubgefäße haben sehr dünne Fäden, die durch ein Gelenk mit den

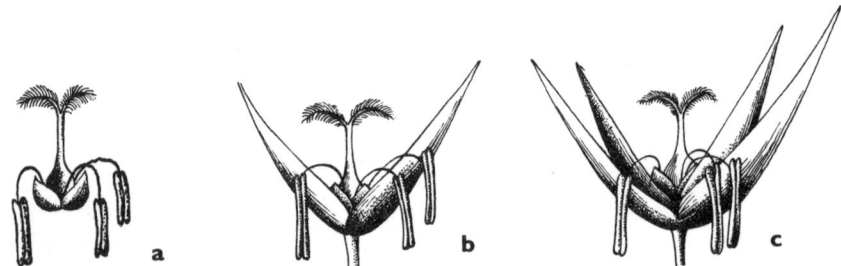

Um den Bau der Grasblüten zu verstehen, muß man schrittweise vorgehen: In der Mitte sitzt der Stempel mit zwei federförmigen Narben, normalerweise drei Staubgefäße an langen Fäden und die sog. Schwellkörper (Lodiculae) — (Abb. a).
Die eigentlichen Reproduktionsorgane sitzen geschützt zwischen Innen- und Außenspelzen (Abb. b).
Das ganze einblütige Ährchen ist normalerweise von zwei Hüllspelzen eingeschlossen (obere + untere, Abb. c).

Staubbeuteln verbunden sind. In der vollen Blüte werden bei einigen Gräsern die Staubbeutel durch ihr eigenes Gewicht aus der Blüte hervorgestülpt und hängen heraus. Sie werden frei im Wind bewegt, und der Pollen wird leicht frei. Die Grasblüten haben meist drei Staubgefäße. Ursprünglich waren es sechs in zwei wechselständigen dreizähligen Ringen (das ist bis heute bei der wirtschaftlich wichtigsten Frucht — dem Reis noch immer so), doch sind im Laufe der Entwicklung die Staubgefäße des inneren Ringes verkümmert, bei den meisten Gräsern sind nur die drei des Außenringes übriggeblieben.

Die Grasblüten sind scheinbar hüllenlos. Die männlichen und weiblichen Reproduktionsorgane sitzen zwischen der äußeren und inneren Spelze verborgen. Die äußere Spelze ist ein gewölbtes rundlich-konkaves Gebilde mit einer einzigen Rippe bzw. einem Kiel und endet häufig in einer Granne. Die innere Spelze ist deutlich zweikielig, am Ende zweizähnig und grannenlos. Der tschechische Botaniker L. Čelakovský hat festgestellt, daß die äußere Spelze wahrscheinlich durch das Verschmelzen von zwei Blütenblättchen entstanden ist; der Ursprung der inneren Spelze ist bei einem Stützblatt zu suchen. Die Vorläufer der heutigen Gräser ähnelten in ihrem Blütenbau anderen einkeimblättrigen Pflanzen: Ihre Blütenstände waren regelmäßig dreizählig.

Etwas besonderes in den winzigen Grasblüten sind die sog. Schwellkörper (Lodiculae), die bei der Reife von Pollen und Narben die fest geschlossene Blüte öffnen, so daß sich die Spelzen voneinander trennen und sich die Staubbeutel an den schwachen Fäden aus der Blüte neigen sowie die federförmigen Narben freigeben. Meist finden sich zwei, seltener drei Schwellkörper. Sie sind Relikte eines ehemaligen Innenringes von Blütenblättchen.

Vor dem Aufblühen sind die mehrblütigen Grasährchen fest geschlossen (links); in voller Blüte werden die Einzelblüten gut sichtbar (rechts).

Die Grasblüten sind normalerweise zu Ährchen geordnet. Diese können mehr-, aber auch nur einblütig sein. In den Ährchen sind die Blüten in zwei Reihen angeordnet, von unten werden sie meist von zwei Hüllspelzen (Glumae) gestützt.

Die Ährchen sind eigentlich ein- oder mehrblütige Teilblütenstände. Sekundär bilden sie Ähren, Traubenrispen oder Scheinähren (z. B. Rispengras, Raigras oder Trespe); diese Blütenstände können aber auch zylindrisch gedrungen sein (Wiesenlieschgras, Fuchsschwanz).

Alle Gräser sind Windbestäuber: Der vom Luftstrom mitgenommene Pollen gelangt auf die federförmigen Narben. Die Pollenproduktion der Gräser ist so beträchtlich, daß sich während der Grasblüte in der Luft bei empfindlichen Menschen allergische Reaktionen einstellen können, unter anderem auch der sog. Heuschnupfen.

Bei einigen Gräsern sind verschiedene Blütenteile lang behaart. Das ist eine Art Flugapparat, der zur Verbreitung der Samen dient.

Die Grasfrüchte sind stärkehaltige Körner, die sich in Größe und Form unterscheiden, je nachdem, von welcher Grasgruppe sie stammen. Das ist nicht nur für die Pflanzenklassifizierung (Taxonomie) von Bedeutung, sondern auch auf ganz anderen Gebieten, etwa in der Gerichtsmedizin oder für die Warenkunde, denn viele Grasarten (Getreide) gehören zu den wichtigsten Nahrungslieferanten des Menschen.

Die Gräser stellen den wesentlichen Bestandteil der Wiesengesellschaften dar. Je näher zum Wasser, desto häufiger treten auch andere Pflanzen auf, die als Grasgewächse, also den Gräsern ähnliche Pflanzen bezeichnet werden. Das sind in erster Linie Vertreter der Riedgrasfamilie *(Cyperaceae)* — z. B. die verschiedenen Seggen — und die Familie der Binsengewächse *(Juncaceae)*. Auch sie haben sehr kleine, in Form, Größe und Färbung unscheinbare Blüten.

Die winzigen Binsenblüten sind zweigeschlechtlich, regelmäßig, mit gut ausgebildeter schuppen- oder blättchenartiger Blütenhülle in zwei dreizähligen Ringen; die Anzahl ist ebenfalls 6, wiederum zu 3 in jedem Ring, der Fruchtknoten hat drei Kammern. Der Bau einer solchen Blüte unterscheidet sich also — abgesehen von der Größe und Farbe — nur unwesentlich von einer Tulpenblüte.

Die Riedgewächse *(Cyperales)* werden manchmal von den Binsengewächsen *(Juncales)* abgeleitet. Ihre Blüten sind aber wesentlich stärker reduziert und noch mehr der Windbestäubung angepaßt. Die Blütenhülle ist völlig zurückgebildet oder zu federähnlichen Organen umgeformt (z. B. bei der Teichbinse). In der ganzen Gruppe überwiegen Arten mit eingeschlechtlichen Blüten. Die Blütenstände sind normalerweise eine Ähre aus kleinen Teilährchen bzw. eine Traubenrispe aus zusammengesetzten Ährchen, manchmal sind sie auch büschel-

oder knäuelförmig zusammengeballt. Die Ährchen der männlichen Blüten sind normalerweise schlanker und befinden sich meist an der Spitze des Blütenstandes (obere Ähren), die Ährchen der weiblichen Blüten sind kräftiger und meist im Unterteil versammelt (sie bilden die unteren Ährchen). Die männlichen Blüten haben gewöhnlich nur drei Staubgefäße, die Stempel der weiblichen sind meist aus 2—3 Fruchtblättern zusammengewachsen, doch ist der Fruchtknoten einkammerig und enthält nur eine einzige Eizelle. Bei den Seggen und bei anderen Riedgräsern ist die weibliche Blüte in ein Hochblatt gehüllt, das als Perigynium bezeichnet wird; im Oberteil ist dieses Gebilde schnabelartig lang ausgezogen, aus ihm ragen die Griffel mit den Narben hervor. Die Schließfrucht ist ebenfalls in ein Blatt gehüllt, so daß das Ganze wie eine einsamige Balgfrucht aussieht (Folliculus).

Obwohl die Riedgräser den Gräsern sehr ähnlich sehen, unterscheiden sie sich doch in vielen Merkmalen. Entwicklungsmäßig (phylogenetisch) gehören diese Pflanzengruppen überhaupt nicht zusammen, jegliche äußere Ähnlichkeit ist reine Konvergenz (Ähnlichkeit entstanden durch ähnliche bzw. gleiche Entwicklung der Organe unter gleichen äußeren Bedingungen).

Auch andere Pflanzen aus Bruchlandschaft und Gewässern haben kleine und unauffällige Blüten. So bestehen z. B. die Kolben (Blütenstandtyp, Spadix) des Kalmus aus etwa 800 winzigen Blüten, die sich im Detail fast nicht von normal ausgebildeten dreizähligen Blüten anderer einkeimblättriger Pflanzen unterscheiden. Bei einigen Pflanzen ist aber die Reduktion der Organe extrem fortgeschritten. Es ist gar nicht so einfach, eine Wasserlinsenblüte auszumachen, nicht nur deshalb, weil diese Pflanzen selten blühen, sondern vor allem wegen ihrer Größe. Sie sind eingeschlechtlich; die männlichen sind zu einem einzigen Staubgefäß reduziert, die weiblichen zu einem einzigen Stempel, entstanden aus einem Fruchtblatt mit nur einem Griffel und einer Narbe. Sie entstehen in einer winzigen Vertiefung und sind von einer kleinen, köcherartigen Scheide umhüllt.

Gräser und Graspflanzen

Die Festigkeit der Grashalme ist eines der „Naturpatente", die der Mensch wohl nie übertrumpfen kann. Kein bisher bekanntes Material und keine technische Erfindung kann annähernd solche Parameter aufweisen wie ein einfacher Getreidehalm. Zieht man das für einen Halm benötigte „Baumaterial", die Länge d. h. Höhe des „Baus" und sein Gewicht in Betracht, so ist das für uns heute eine Unmöglichkeit. Das Verhältnis von Grundfläche und Höhe eines Halms macht etwa

1:100 bis 1:300 aus, während ähnliche Bauten von Menschenhand, etwa Schornsteine und Fernsehtürme bei Anwendung der gleichen Formel kaum 1:10 ausmachen. Der Grashalm hält jeden Windstoß aus — auch wenn es sich um 5 m hohe Halme handelt wie bei verschiedenen Schilfen. Architektonisch gesehen handelt es sich hier um einen zylindrischen Hohlträger. Die Botaniker sagen, daß es sich um hohle zylindrische Stengel handelt, deren innerer Hohlraum durch Absterben, Austrocknen des Gewebes und seiner späteren Spaltung entstanden ist. Das gilt nur bei einigen wenigen Gräsern nicht, wie z. B. bei Hirse und Mais.

Bei den meisten Gräsern wird der Hohlraum im Halm durch Knoten unterbrochen. Neben einer gewissen Festigungsfunktion haben diese Knoten im Leben der Gräser noch eine weitere Aufgabe: Sie sind quasi „Stehaufmechanismen". Der Grashalm widersteht zwar dem Wind, jedoch nicht mechanischer Beschädigung durch einen Wasserschwall, Hagelschlag usw. Der zwar feste Halm wird dann geknickt und liegt auf dem Boden. Gräser sind aber lichtliebende Pflanzen, die niederliegenden Bestände würden einander beschatten. Sobald also der Halm aus seiner senkrechten Stellung gebracht wird, ruft die geotropische Reaktion (= Reaktion auf die Erdanziehungskraft) ein erneutes Wachstum der Meristeme (Teilungsgewebe) hervor, die sich in den Knoten befinden. Dies Gewebe beginnt an der Knotenunterseite im liegenden Halm sofort zu wachsen, und der Halm richtet sich an diesem Knoten allmählich gegen die Erdanziehungskraft in senkrechte Stellung auf.

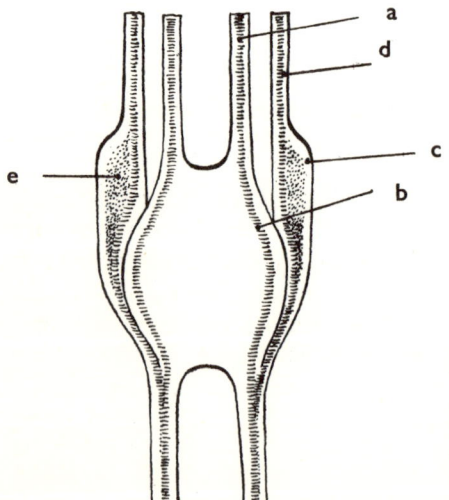

Die Knoten in den Grashalmen sind ein wichtiges Organ: Der hohle Halm (a) ist am Knoten verdickt (b) und enthält Teilungsgewebe (Meristem). Verdickt (c) ist auch die den Halm umgebende Scheide (d), die an dieser Stelle festigendes Sklerenchymgewebe enthält (e).

Viele Gräser vermehren sich vegetativ sehr stark. Die unterirdischen (bei einigen Arten auch oberirdischen) Ausläufer lassen immer neue „Pflanzen" entstehen.

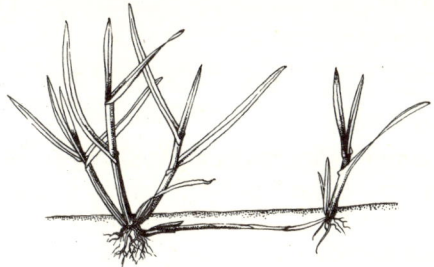

Die Gräser sind in der Regel Pflanzen mit hoher Bodenbedeckung. Daher haben sie auch in den Wiesenbeständen das Übergewicht. Das rührt unter anderem auch von der Fähigkeit, vielhalmige Horste oder Büschel zu bilden bzw. von der intensiven vegetativen Vermehrung der ausläuferbildenden Arten her. Jeder Gärtner weiß, was die unterirdischen Ausläufer einer Quecke in den Beeten anrichten können. Auch die Schilfe, unsere stattlichsten Gräser, zeichnen sich durch eine starke vegetative Vermehrung aus. Davon war bereits die Rede, doch sollen interessehalber noch einige Zahlen angeführt werden: Der jährliche Zuwachs der unterirdischen Wurzelstöcke einer einzigen Pflanze beträgt 2—3 m; ein dreijähriger Bestand, aus einem einzigen wuchernden Exemplar entstanden (Polykormon), kann eine Fläche von 14—20 m² einnehmen, und die Gesamtlänge der Wurzelstöcke kann 30 m betragen! Sie wuchern und armieren den Boden in einer Tiefe von 20—30 cm, doch können sie auch 60—100 cm tief gehen, die Aktivität kann sechs Jahre lang anhalten.

Auch das zeugt von der Unverwüstlichkeit und ungeheuren Vitalität der wichtigen Wiesen- und Bruchlandpflanzen, der Gräser.

Die Anpassung an das Leben im Wasser

Oft heißt es: ohne Wasser kein Leben. Aber für die Wasserpflanzen gilt dieses Wort in veränderter Form: ohne Luft kein Leben. Auch die untergetauchten Pflanzenteile können nicht ohne Sauerstoff auskommen. Die Wasserpflanzen haben daher in ihren Stengeln, Wurzeln und Blättern eine gut entwickelte „Gasleitung" aus Zwischenzellräumen und Kanälchen. Diese Einrichtung dient nicht nur zum Gasaustausch, sie verringert auch das spezifische Gewicht der submersen Organismen und erlaubt ihnen das Schweben im Wasser. Pflanzengewebe mit großen Zwischenzellräumen wird als Luftgewebe oder Aerenchym bezeichnet. Bei manchen Pflanzen sind sie einfach Bestandteile der Organe und nach außen hin nicht weiter auffällig; man erkennt sie nur beim Zerschneiden von Stengel, Stiel oder Wurzeln. Bei anderen Arten bilden diese Gewebe so etwas wie aufgeblähte Schwimmkörper, die als hydrostatischer Apparat dienen, z. B. die geschwollenen Stiele der Wassernuß *(Trapa natans)* oder der tropischen Wasserhyazinthe *(Eichhornia crassipes).*

Auch die Wurzeln der Wasserpflanzen haben eine etwas andere Funktion als die Wurzeln der Pflanzen auf dem Land. Normalerweise dienen sie nur der mechanischen Verankerung der Pflanze im Grund, ihr gefäßführendes Gewebe ist reduziert. Verschiedene Wasserpflanzen haben in den Wurzeln sogar Blattgrün (Chlorophyll), in ihnen verläuft ein normaler Photosyntheseprozeß. Viele Wasserpflanzen haben überhaupt keine Wurzeln, z. B. der Wasserschlauch *(Utricularia),* bilden sie nur selten aus (Hornblatt — *Ceratophyllum)* bzw. haben stark zurückgebildete Wurzeln (nur eine einzige Wurzel bei der Kleinen Wasserlinse *(Lemna minor).*

Die Blätter der submersen Wasserpflanzen haben einen vereinfachten anatomischen Bau: Die Grundlage bildet ein einfaches, chlorophyllhaltiges Parenchym (= System aus dünnwandigen gleichförmigen Zellen) mit schwierig auszumachender Haut. Die Gefäßbündel sind ebenfalls reduziert, die Atemöffnungen fehlen fast völlig. Bei Pflanzen, deren Blätter auf der Oberfläche treiben (Seerose, Teichrose, Laichkraut) trägt die Blattoberseite einen Wachsüberzug, von dem das Wasser rasch abtropft. Alle Atemöffnungen sitzen auf dieser Oberseite, die in Kontakt mit der Luft steht. Treten bei solchen Blättern Atemöffnungen auch auf der im Wasser befindlichen Unterseite auf, dann sind sie normalerweise überhaupt nicht geöffnet. (Die meisten Landpflanzen haben die Atemöffnungen auf der Blattunterseite; so befinden sich z. B. auf einem einzigen Quadratmillimeter Blattfläche beim Holunder auf der Oberseite 0 und auf der Unterseite 48 Atemöffnungen.) Bei Wasserpflanzen, die untergetauchte bzw. schwimmende sowie emerse Luftblätter hervorbringen, beträgt dieses Verhältnis 115 : 0 (Schwimmblätter des Pfeilkrauts) und 112:25

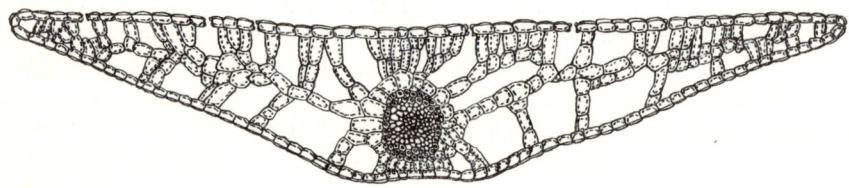

Die auf der Wasseroberfläche schwimmenden Laichkrautblätter haben nur auf der Oberseite Atemöffnungen und im Gewebe große luftführende Zellzwischenräume, die diese Blätter schwimmfähig machen.

(Luftblätter derselben Pflanzen); 120 : 0 (Schwimmblatt bei der Wasserform des Wasserknöterichs), bei seiner terrestrischen Form unterscheidet sich die Anordnung der Atemöffnungen fast nicht von normalen Landpflanzen — oben nur 24, an der Unterseite 128 auf 1 mm² Blattfläche!

Charakteristisch für viele Wasserpflanzen ist die Heterophylie. Untergetauchte submerse Blätter sehen anders aus als aufgetauchte, aus dem Wasser ragende bzw. auf der Oberfläche liegende Blätter. Die Schwimmblätter auf der Oberfläche werden von der Bewegung des Wassers gefährdet (Wellengang, auch schon leichtes Kräuseln); sie sind in der Regel zäher, ledrig (durch die Verstärkung der Zellwände), so daß sie dieser Gefahr leichter begegnen können.

Die Blattspreiten der Tauchblätter sind oft in fadenförmige Segmente geteilt: Sie sind ein klassisches Beispiel für Konvergenz, viele einander ähnliche Pflanzen haben systematisch bzw. entwicklungsmäßig nichts miteinander zu tun *(Hottonia, Ceratophyllum, Myriophyllum, Ranunculus usw.)* Bei einigen Pflanzen entstehen vor allem in fließendem Wasser sehr lange, bandartige schwimmende Blätter *(Glyceria fluitans)*. Zweck einer solchen Anpassung des Blattbaus ist die Vergrößerung der Blattfläche im unmittelbaren Kontakt mit dem Wasser und damit auch Steigerung der Absorbtionsfähigkeit — außerdem hat sich diese Gestalt im Laufe der Entwicklung als günstig herausgestellt, sie verträgt die Strömung des Wassers.

Dem Anschein nach ist das Wasser ein universales Biotop; die Lebensbedingungen im Wasser ähneln einander weitgehend und unterliegen nicht so schnell den Klimafaktoren im Laufe von Tag bzw. Jahr wie die Standorte auf dem Lande.

Die Lebensbedingungen an den Ufern und in den Betten der Flüsse sind in dieser Hinsicht ganz spezifisch und einzigartig. Wasserläufe sind natürliche und sehr alte Verbindungen, „Zugstraßen" für viele Organismen — von den niederen Pflanzen angefangen bis zum Menschen. In den Flüssen dringen Gebirgselemente ins Flachland vor und umgekehrt. Ein natürliches, unreguliertes Flußbett stellt in der Landschaft eine sehr veränderliche Formation dar. Situation und Lebensbedingungen wechseln hier nicht nur von Jahr zu Jahr, sondern häufig auch innerhalb einiger Tage bei Hochwasser, Treibeis usw. Die Ufervegetation ist daher ständig in Bewegung, ihre Entwicklung ist sehr dynamisch und die allmähliche Uferbesiedlung stellt einen fast ununterbrochenen Prozeß dar. Die Hauptfaktoren für diese Dynamik sind die Strömung des Wassers und die Schwankung des Spiegels.

Ein Fluß, d. h. strömendes Wasser ist für viele Pflanzen ein wichtiges Transportmittel. Samen und Pflanzenteile können so über beträchtliche Entfernungen gebracht werden. Oft beschädigt der Eisgang im Frühjahr das Ufergebüsch und die Strömung nimmt die Pflanzenteile mit. Auf diese Weise hat sich z. B. die Zimtrose *(Rosa majalis)* entlang einiger europäischer Flüsse verbreitet, aber auch ganze Kalmusbestände *(Acorus calamus)* sind so „umgezogen". Über das Netz der Wasserläufe verbreiten sich auch einige Adventiv-Uferpflanzen, vor allem solche, die große Mengen keimfähiger Samen hervorbringen (der Zweizahn — *Bidens frondosa)*. Bei der Verbreitung vieler Pflanzen in umgekehrter Richtung stromaufwärts helfen Wasservögel und Säugetiere, gelegentlich auch der Mensch.

Wasser- und Uferpflanzen

Viele Wasser- und Uferpflanzen sind nahezu kosmopolitisch über die ganze Erde verbreitet. Sie sind also überall zu Hause und gedeihen überall gut. Als Beispiele dienen das Gemeine Schilfrohr oder die Wasserlinsen.

Eine zweite Gruppe bilden solche Pflanzen, deren Verbreitungsgebiet nicht so groß ist. Dabei handelt es sich nicht um seltene Endemiten, sondern um Pflanzen, die mehr oder weniger nur über einen Kontinent verbreitet sind. Wie aus den Karten hervorgeht, sind das meist eurasische oder eurosibirische Arten.

Die Stellung des Brachsenkrautes ist in dieser Beziehung ganz eigenwillig. Es ist eine der seltensten Pflanzen in der heutigen europäischen Flora. Dieses Relikt aus längst vergangenen Erdzeitaltern vegetiert heute nur noch in einigen wenigen mitteleuropäischen Seen eiszeitlicher Herkunft dahin; etwas häufiger kommt die Art nur in Nordwesteuropa vor. Ihre hohen Ansprüche an Sauberkeit, chemische Zusammensetzung und Temperatur des Wassers bedingen das heute stark beschränkte Vorkommen dieser Pflanze.

Wiesen- und Wasserpflanzen kommen nur selten an ihren Standorten einzeln vor. Sie sind „gesellige" Organismen: fast immer handelt es sich um vielzählige Populationen mit charakteristischem Aussehen und Textur der Bestände. Das läßt sich hier natürlich nicht demonstrieren; dafür wurde der Versuch gemacht, diese manchmal alltäglichen, manchmal seltenen Pflanzen wenigstens im Detailbild und in einigen Worten über ihr Leben vorzustellen.

Bildteil

Die Pflanzen sind in Gruppen nach Beziehung zur Feuchtigkeit des Milieus eingereiht; in einzelnen Gruppen nach der Blütezeit.

Für die botanische Nomenklatur wurde benutzt: Zander, Handwörterbuch der Pflanzennamen, 11.A. Ehrendorfer, Gefäßpflanzen Mitteleuropas

Zypressen-Wolfsmilch
Euphorbia cyparissias L.

Wolfsmilchgewächse
Euphorbiaceae

Die Wolfsmilchartigen *(Euphorbiales)* sind eine Gruppe von isolierten Familien mit schwer bestimmbaren Verwandtschaftsbindungen. Das kommt daher, daß viele von ihnen einen hochspezialisierten Metabolismus haben (Kautschuk, giftige Eiweißstoffe), aber auch von dem sehr eigenartigen Blütenbau (s. u.), gerade bei der Gattung *Euphorbia.* Unter den 1600 Wolfsmilchgewächsen *(Euphorbiaceae)*, die — ausgenommen die Polargebiete und Wasserflächen — überall auf der Erde vorkommen, befinden sich auch Zimmerpflanzen *(Croton, Euphorbia pulcherrima)* und Nutzpflanzen (*Hevea* — Parakautschukbaum, Rizinus, Maniok).
Die Wolfsmilchgewächse enthalten in ihrem Gewebe Milchgefäße, aus denen bei Verletzung eine weiße Flüssigkeit, ein kautschukartiges Latex rinnt.
Die Pflanze wird oft vom Erbsenrost (*Uromyces pisi*) befallen, der den normalen Bau der Pflanze deformiert (1): an den verlängerten Stengeln sitzen dann kurze, ovale, auf der Unterseite leuchtend orangefarbige Blätter, die nach Honig duften.

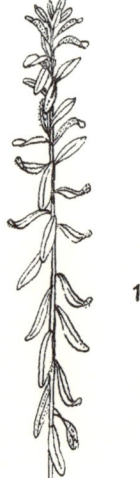

1

Wurzel/Sproß: mehrjährige Pflanze mit unterirdischem Wurzelstock; aufrechter büschelartiger Stengel.
Blätter: wechselständig, besonders in der oberen Stengelpartie dünn linealisch, hellgrün; sie ähneln in ihrem Aussehen den Nadeln der Koniferen (Nadelhölzer); daher der Name *cyparissias.*
Blüten: charakteristische Form der Blütenstände (sog. Cyathium); Terminaltrugdolde (9—15strahlig), gestützt von hellgelben bis später rötlichen Hochblättern. In den Achseln von zwei gegenständigen Hochblättern sitzt der zweigeschlechtliche Blütenstand mit kleinem, mittelständigem Fruchtknoten an langem Stiel; in den Achseln von 5 weiteren Hochblättern befinden sich kleine, gegliederte Staubgefäße, zwischen den Hochblättern

halbmondförmige (zweizipflige) Drüsen.
Früchte: warzige (daher fein punktiert),
dreisamige Kapseln.
Blütezeit: April bis Juni.
Verbreitung: Wege, Böschungen, magere
Rasenflächen; Europa.

Aufrechte Trespe
Bromus erectus HUDS.

Süßgräser
Poaceae

Die Aufrechte Trespe ist in unserem Buch der einzige Vertreter der etwa 50 Arten umfassenden Gattung *Bromus*. Einige von ihnen sind zu lästigen Unkräutern geworden (z. B. *B. secalinus, B. arvensis*). Die Trespe ist sehr trockenheitsbeständig und wird daher häufig in Grasmischungen verwendet, mit denen Bahndämme oder Böschungen besät werden. Ihr mächtiges Wurzelsystem ist als Bodenbefestiger im Kampf gegen die Erosion von großem Nutzen. In der Weidewirtschaft spielt sie keine Rolle, da sie unverdauliche Gewebeteile enthält. In der Forstwirtschaft ist die Aufrechte Trespe als eine der Initial-Grasarten beim Bewachsen frischer Schläge bekannt. Ihr plötzliches Auftauchen kann aber auch die ersten Anzeichen einer beginnenden Austrocknung und Verarmung der Böden signalisieren.

Wurzel/Sproß: mehrjährig mit büschelartigem Wurzelstock, der von braunen, faserigen Scheiden bedeckt ist. Halme hart, aufrecht, etwa 1 m hoch.
Blätter: junge Blätter geschlossen, Blattscheide fast bis zur Basis der Spreite zusammengewachsen; untere Blätter borstlich gefaltet, obere flach; Zunge auffällig klein (kaum 1 mm); am Spreitenrand lange Härchen, Scheide ebenfalls behaart.
Blüten: schmale Blütenstände; vielblütige Ährchen bilden gedrängte Rispe (10—15 cm lang); bestehen aus 3—12 Blüten (1).
Blütezeit: Mai bis Juni/Juli.
Verbreitung: von der Tiefebene bis in die Gebirgszone (bis 1700 m); bevorzugt kalkhaltigen Boden; Wegränder, trockene Magerrasen, Äcker, Böschungen; als Samen über ursprüngliches Verbreitungsgebiet (Mittel- und Südeuropa, Nordafrika, Kleinasien) hinaus verbreitet.

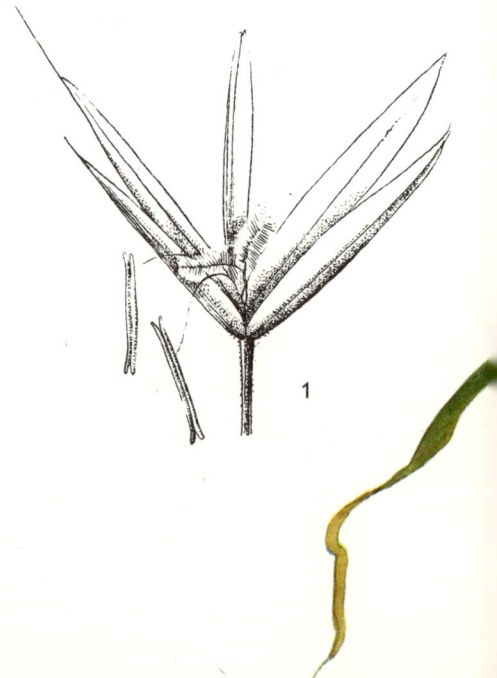

27

Bunte Kronwicke
Coronilla varia L.

Die Kronwicken sind ein- und mehrjährige Kräuter (einige mediterrane Arten sogar Sträucher). Einige Bohnengewächse (einschl. der Bunten Kronwicke) sind wegen der sog. Schlafbewegungen ihrer Blätter bekannt (s. u.). Die Kronwicke hat, wie alle Bohnenpflanzen Knöllchen an den Wurzeln (s. u.).

Wurzel/Sproß: an den Wurzeln sitzen unregelmäßige Knöllchen; in dem angeschwollenen Gewebe leben Bakterien, die aus dem Boden eingedrungen sind: sie binden atmosphärischen Stickstoff; Stengel flach wachsend, erst am Ende aufgerichtet.
Blätter: wechselständig gefiedert, aus 1 — 12 Teilblattpaaren bestehend; Teilblättchen legen sich zur Nacht in einer Aufwärtsbewegung aneinander (Schlafbewegungen); Reaktion der Pflanze auf die Menge des empfangenen Lichtes; erklärbar durch Veränderung des Turgors (Zelldruck) im Gewebe an den Knickstellen.

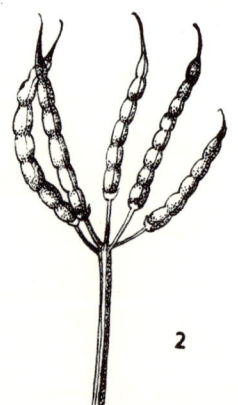

2

Blüten: haben den charakteristischen Bau aller Bohnengewächse: glockenförmiger Kelch (1) mit kurzen Zacken und einer Krone, bestehend aus einer nagelförmigen abgerundeten Fahne (oberes Kronblatt), zwei eirunden Flügeln (Seitenblätter) und einem Schiffchen (entstanden aus den verwachsenen beiden restlichen Blättern); ein Staubgefäß steht frei, 9 weitere sind miteinander verwachsen; meist gelb; Ausnahme die bunte, weiß-rosa-violette *Coronilla varia;* Blütenstand erinnert an Königskrone: daher Name *Coronilla* = Krönchen.
Früchte: klauenartig gekrümmte, zwischen den Samen eingeschnürte Schoten (2) bei Reife aufplatzend.
Blütezeit: Juni/Juli.
Verbreitung: liebt warme, trockene Stellen: Raine, Wiesen, Weiden; bei ausreichendem Kalkgehalt auch in höheren Lagen z. B. Sudeten, Jura, Alpen (Mithilfe des Menschen infolge des von ihm verursachten Entwaldung der Südhänge und langfristiger Weide- bzw. Wiesenwirtschaft); Heimat der Wickenpflanzen allgemein: Mittelmeerraum, Kanarische Inseln, Naher Osten (Kronwicke vermutlich Mittel- und Nordwesteuropa); heute: Mittel- und östliches Südeuropa.

1

Kleine oder Stein-Bibernelle
Pimpinella saxifraga L.

Doldengewächse
Umbelliferae

Die Doldengewächse zeichnen sich durch ihren aromatischen Duft aus. Hierin bildet die Bibernelle keine Ausnahme. In alten Zeiten war es Brauch, die Bibernelle dem Bier zuzusetzen oder sie in Wein zu kochen. Die Leute auf dem Lande kannten damals den Wert der im Frühjahr sprießenden Wiesenkräuter: In einer Zeit, als die heute gängigen Gemüsearten noch nicht zu haben waren, wurde in ganz Europa eine Frühlingskräutersuppe gekocht, die aus den jungen Blättern der Brennessel, der Taubnessel, der Wegwarten, des Kümmels und der Bibernelle bestand. Wenige Wochen später wurde dann aus den größeren Blättern dieser Kräuter ein schmackhafter Salat zubereitet. Die Bibernellen sind einjährige (Anis) oder mehrjährige Pflanzen.

Wurzel/Sproß: spindelförmiger, unangenehm riechender Wurzelstock; Kleine B. mit rundem, fein gerieftem und meist vollem Stengel (15—50 cm hoch);

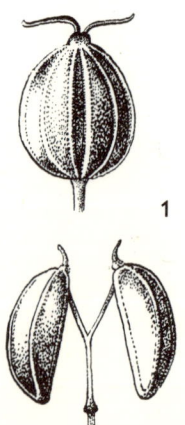

1

Große B. *(P. major)* mit scharfkantigem hohlem Stengel (40—100 cm hoch).
Blätter: ausgeprägte Heterophyllie (= verschieden gebaute Blätter); Grundblätter unpaarig gefiedert, mit rundlichen, tief gezahnten Teilblättern; Stengelblätter zu schmalen, linealischen Fransen zerschlitzt.
Blüten: Dolden (typischer Blütenstand der ganzen Familie *Umbelliferae*) bestehend aus vielen kleinen Teildolden und diese wiederum aus winzigen zwiegeschlechtlichen oder nur männlichen Blüten; cremeweiß, seltener rosa.
Früchte: Doppelschließfrüchte (1).
Blütezeit: Juni bis Oktober.
Verbreitung: trockenere Wiesen, Heiden; vom Tiefland bis in höhere Berglagen (an der bedeutenden, artenreichen Lokalität der Schneegrube im Riesengebirge erscheint sogar endemisch die Unterart *P. saxifraga* ssp. *rupestris*); Europa, Vorder- und Mittelasien, Sibirien.

Weidewegerich
Plantago media L.

Die Wegerichgewächse sind die einzige Familie der selbständigen Ordnung *Plantaginales,* auch die Gattungszahl in dieser Familie ist gering. Dafür weisen aber die eigentlichen Wegeriche über 260 Arten auf und stellen eine Gattung mit sehr breiter ökologischer Amplitude dar. Außer unseren wiesenbewohnenden Wegerichen (*P. media* — Weidewegerich und *P. major* — .Breitwegerich) gibt es auch salzliebende Arten (Halophyten) wie den zirkumpolaren *P. maritima* oder den bei den Steingartenfreunden beliebten *P. nivalis.*

Wurzel/Sproß: Staude ca. 20—40 cm hoch *(P. media)* bzw. 5—30 cm *(P. major).*

Blätter: Ausgeprägte Grundrosette aus Blättern mit typischer Nervatur (die Hauptnerven laufen parallel), die an die Nervatur der einkeimblättrigen Pflanzen erinnert; die Hauptnerven mit spiraliger, fester Aussteifung. Beim Versuch, ein Blatt des *P. media* quer durchzureißen, bleiben meist beide Blatteile durch die Fäden dieser versteiften Gefäße miteinander verbunden.

Blüten: vierzählige ansitzende, zu Ähren geordnete Blüten; beim Weidewegerich (1) Blütenstiele stets länger als die Ähren; Kronblattspitzen silbrigweiß; beim Breitwegerich Kronblattspitzen bräunlich, Blattstiele so lang wie die Spreiten (2) und Ähren normalerweise länger als der Stiel (3).

Früchte: Deckelkapsel mit länglichem Samen.

Blütezeit: Mai bis Juli.

Verbreitung: *P. media* und *P. major* ursprünglich Bewohner von Wiesen, Weiden und lichten Rainen (Breitwegerich eher an feuchten, Weidewegerich an trockenen Stellen); letzterer besonders typisch für ausgetretene Wegränder und auch auf Schutthalden; Europa, Vorderasien; Sibirien.

Heilkunde: früher wegen der in ihm enthaltenen Schleimstoffe genutzt (Entzündungen).

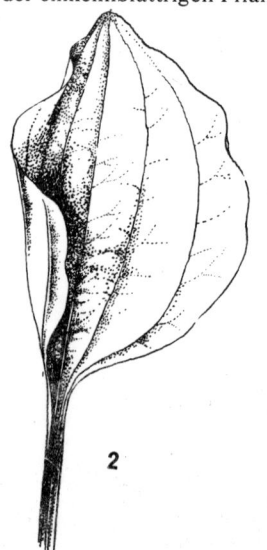

2

1

3

Skabiosen-Flockenblume
Centaurea scabiosa L.

Korbblütengewächse
Compositae

Wer in mittelalterlichen Kräuterbüchern die Skabiosen-Flockenblume sucht, muß nach dem Sankt-Zacharias-Kraut Ausschau halten (Herba St. Zachariae). Wie die Flockenblume und der Heilige Zacharias zueinander gekommen sind, läßt sich heute wohl nicht mehr feststellen. Es handelt sich um eine sehr variable Pflanze. Das auffälligste und typischste Merkmal ist der Bau der Hüllblätter um die Blütenstände. Die Kammgebilde an den Spitzen der Hüllblätter sind ein Beispiel für das Auftreten der Farbe Schwarz im Pflanzenreich, doch rührt das nur von einer Konzentration und Farbkombinationen brauner Farbstoffe und Athocyane her. Die unterschiedliche und allem Anschein nach erblich stabile Variabilität dieses Merkmals hat zur Einteilung in viele innerartliche Taxone (meist Rassen, Unterarten) geführt, die jeweils an kleine Gebiete gebunden sind. Es wachsen etwa 700 Flockenblumenarten auf der nördlichen Halbkugel.

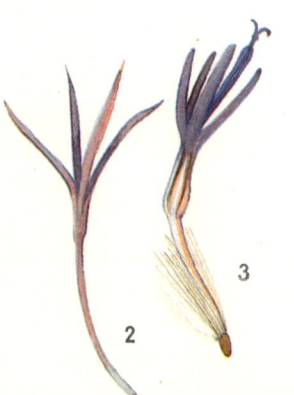

Wurzel/Sproß: 30−150 cm hohes Kraut mit verholzendem Wurzelstock (1)
Blätter: unregelmäßig gelappt bis fiederteilig; Grundblätter und Blätter der oberen Stengelpartie normalerweise recht unterschiedlich geformt.
Blüten: ⌀ 2−6 cm, meist rotviolett, seltener rosa oder weiß; Randblüten in der Regel steril (2), auffällig vergrößert, strahlig: optisches Insektenlockmittel; innere Blüten zweigeschlechtlich und fruchtbar (3).
Früchte: 4−5 mm lange Schalenfrucht, gesäumt von kurzem, doppelreihigem Flaum.
Blütezeit: Juni bis August.
Verbreitung: trockenheits- und wärmeliebende Wiesen, durchsonnte, buschbestandene Hänge, Raine, Brachflächen, Feldränder; von tiefen Lagen bis ins Bergvorland; Europa, Kaukasus, eingebürgert im nord-östl. Nordamerika.

1

Kleiner Odermennig
Agrimonia eupatoria L.

Rosengewächse
Rosaceae

Der Odermennig galt schon immer als wertvolle Heilpflanze. Dies zeigt sich auch an einigen volkstümlichen Namen, die diese Pflanze in den deutschsprachigen Gebieten erhalten hat, z. B. Leberkraut. Der Gemeine Odermennig ist eine der 10 Arten der Gattung *Agrimonia*.

Wurzel/Sproß: mehrjähriges, drüsenhaariges Kraut; kurzer, kriechender, wenig verzweigter Wurzelstock; 30—80 cm hoher, zottig behaarter, wenig verzweigter Stengel.
Blätter: 10—15 cm lang mit grob gezähnten Fiederpaaren, wobei stets kleinere und größere Teilblättchen abwechseln (1): wechselfiedrig; Unterseite weiß-filzig.
Blüten: gelb, fünfzählig (2), 5—20 Staubgefäße, regelmäßig gebaut, höchstens 3 Tage geöffnet; danach verwelken Kronblätter und fallen ab.

Blütenboden besteht aus umgekehrt kegligem Schopf (Rezeptakulum) mit hakig bestacheltem Rand.
Früchte: Scheinfrüchte, an Fruchtoberseite gekrümmter, später verholzender Haken, der zum Festhalten in Tierfellen usw. dient (sog. Klettverbreitung).
Blütezeit: Juli bis September.
Verbreitung: trockene, sonnige Hänge; trockene, warme Wiesen, in Gebüschen und auf Rainen, vom Tiefland bis ins Gebirge; Europa, Vorder- und Mittelasien, Nordafrika.
Heilkunde: Kraut enthält bis zu 5 % Gerbstoffe, ätherische Öle, Bitter- und andere Stoffe (z. B. Cholin); in Aufgußform bei allen möglichen inneren Erkrankugen angewendet (Gelbsucht und andere Leberleiden, Verdauungs- und Darmstörungen, Gelenkschmerzen); äußerliche Anwendung in Form von Bädern und Spülungen; direktes Aufbringen der gut gewaschenen Blätter auf Wunden. Heutige Medizin nutzt Odermennig als verdauungsförderndes Mittel (Stomachicum), als Mittel zur Gallenanregung (Cholereticum) oder als Stopfmittel bei Durchfällen; äußerlich bei Behandlung der Mundhöhle.

2

1

Gelbe Narzisse, Trompetennarzisse, Osterglocke
Narcissus pseudonarcissus L.

Amaryllisgewächse
Amaryllidaceae

Früher konnte man an vielen Stellen in den Alpen und auch anderswo in Westeuropa ausgedehnte Narzissenwiesen finden. Leider gibt es heute nur noch wenige Stellen, wo diese herrliche Blume wächst. Sie wurde daher unter strengsten Naturschutz gestellt.

Der große Artenreichtum, die Veränderlichkeit und auch die leichte Kreuzung untereinander sind in der Gartenkultur genutzt worden. In der Mitte dieses Jahrhunderts wurden allein in England über 8000 Kultursorten von großblütigen Narzissen registriert. Die einzelnen Sorten unterscheiden sich nicht nur in der Farbe (von Weiß bis Orange), sondern auch durch Farbkombinationen oder Blütenbau, wobei vor allem die röhrenförmige Nebenkrone entweder ganz kurz oder verlängert ist, so daß sie weit aus der Blüte hervorragt. Man kennt auch mehrblütige Sorten, außerdem auch gefüllte.

Der Name Narzisse wird meist von der mythologischen Jünglingsgestalt Narziß abgeleitet, evtl. kann man darin auch das griechische Wort narkáo = betäuben — sehen, wahrscheinlich wegen des intensiven Blütenduftes oder wegen einer gewissen Giftigkeit der Pflanze.

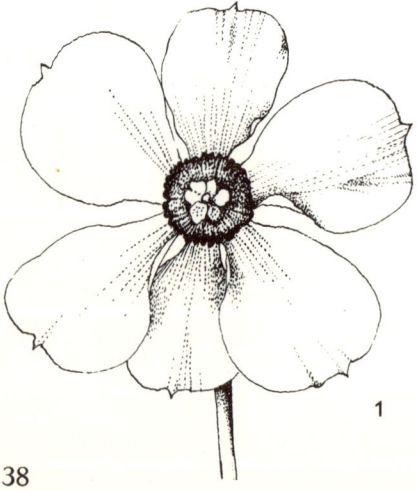

1

Wurzel/Sproß: mehrjährige Kräuter mit unterirdischer Vorratszwiebel: Stengel rundlich (seltener kantig).
Blätter: lang, linealisch, graugrün, aufrecht.
Blüten: einzeln, manchmal auch mehrere an einem Stengel; wachsen aus der Achsel eines häutigen Hüllblattes hervor; meist überhängend, nickend, regelmäßig zweigeschlechtlich mit 6 meist abstehenden Zipfeln; in der Mündung der Kronenröhre sitzt die Nebenkrone; Blüten von Kulturnarzissen (1) haben oft auffällige kontrastreich gefärbte Kronen und Nebenkronen.

Blütezeit: März bis Mai; in entsprechend behandelter Natur auch früher.
Verbreitung: ausgesprochen westeuropäische Art (Iberische Halbinsel, Frankreich, England, Belgien, Italien); östl. Begrenzung: Vogesen, Hunsrück, Hohes Venn (typische Wiesenpflanze).
Verwandte: *N. poeticus* (weiß); *N. exsertus* usw.

Mehrjähriges Gänseblümchen
Bellis perennis L.

Korbblütengewächse
Compositae

Ein Kraut, das an jedem Wegrand wächst. So könnte man knapp die allgemeine Verbreitung einer der kleinsten und zartesten Pflanzen unserer Natur charakterisieren. Nicht nur das Gänseblümchen, sondern auch die ganze Gattung *Bellis* ist weit verbreitet. In vielen Gärten überall auf der Welt werden großblütige oder gefüllte Ziersorten des einfachen Gänseblümchens gezogen. Die geringe Wuchshöhe und die Anspruchslosigkeit haben es zum Symbol der Bescheidenheit werden lassen, und so ist es auch in viele Sagen und Legenden eingegangen — von der altgriechischen bis zur nordischen Mythologie.

In biologischer Sicht sind die Gänseblümchen wegen ihrer beträchtlichen Frostfestigkeit interessant (sie vertragen sogar −30° C). Es wurden bei ihnen auch Reaktionen auf mechanische Reizung beobachtet; bei Berührung heben sich die strahlenförmigen Randblüten.

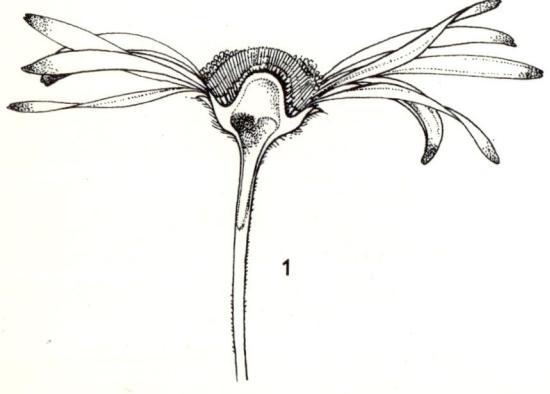

1

Wurzel/Sproß: 5—15 cm hohes Kraut mit behaartem, blattlosem Blütenstengel.
Blätter: spatelförmige, stumpf-gezähnte Blätter in einer Grundrosette.
Blüten: Stengel trägt einen einzigen Blütenstand (biologische Blüte, 1); kaum 15 mm breit beim wilden Gänseblümchen; unter den vollblütigen Zuchtsorten mehrere Zentimeter breite „Giganten"; gelbe Röhrenblüten im Körbchen zweigeschlechtlich, Randblüten zungenförmig, weiß oder rosa, gewöhnlich eingeschlechtlich oder steril.

Blütezeit: von März bis November, teilweise ganzjährig, sofern nicht vom Schnee bedeckt.

Verbreitung: Wiesen und Weiden; Europa, Amerika, nichttropisches Australien, Neuseeland.

Heilkunde: Aufguß aus getrockneten Blüten bei Lungenkrankheiten und Entzündungen der oberen Atemwege empfohlen; äußerlich bei Hautkrankheiten.

Acker-Witwenblume, Acker-Skabiose
Knautia arvensis (L.) COULT.

Kardengewächse
Dipsacaceae

Wenn man eine Witwenblume nur oberflächlich betrachtet, meint man meist, eine Flockenblumenart oder einen verwandten Korbblütler vor sich zu haben. Die knäuelförmigen Blütenstände der Skabiosen ähneln tatsächlich den Blütenständen der Familie *Compositae.* Im Rahmen der Ordnung *Rubiales* (Röteartige Gewächse) ist z.B. der kleine Baldrian *(Valeriana dioica)* mit der Witwenblume enger verwandt als irgendeine Flockenblume!

Sehr häufig wurde die Witwenblume mit den sehr ähnlichen Pflanzen der Gattung *Scabiosa* zu einer einzigen zusammengefaßt. Außer an anderen Merkmalen kann man diese beiden Gattungen aber an der Kronenform unterscheiden: Die Pflanzen der Gattung *Scabiosa* haben fünfzählige, die Pflanzen der Gattung *Knautia* nur vierzählige Blüten. Da aber die Acker-Witwenblume eine recht veränderliche Pflanze ist und oft auf den Wiesen mit cremeweißen oder auch rosa Blüten erscheint, ist es kein Wunder, daß sie an trockenen Stellen, wo auch die cremegelbe *Scabiosa ochroleuca* wächst, häufig mit dieser verwechselt wird.

3

Wurzel/Sproß: mehrjähriges Kraut, 30—50 cm hoch; unterirdischer Wurzelstock; Stengel aufrecht, abstehend behaart.

Blätter: untere normalerweise ungeteilt; obere tief ausgeschnitten; Hochblattpaar gegenständig, tief leierförmig bis fiederteilig gegliedert (gerade in dieser auffälligen Heterophyllie ist die Acker-Witwenblume äußerst variabel).

Blüten: zu Knäueln geordnet; enthalten entweder nur männliche oder zweigeschlechtliche Blüten; Knäuel aus männlichen Blüten stets kleiner; violette Einzelblüten (1) auffällig symmetrisch; fast in jeder Population Pflanzen mit Blüten in anderen Farbtönen, oft rosa (2); dekorativ wirken Knäuel mit noch in Knospen geschlossenen Blüten (3).

1

2

Früchte: einsamige Schließfrucht.
Blütezeit: Mai bis September.
Verbreitung: frische, feuchte aber auch
trockenere Wiesen, Gräben, an
Feldwegen, gelegentlich auch in
Buschstreifen oder Waldsäumen; Europa,
Westsibirien, Kaukasus, Nordafrika.

43

Knöllchen-Steinbrech
Saxifraga granulata L.

Steinbrechgewächse
Saxifragaceae

Das Interessanteste an der Biologie des Knöllchen-Steinbrechs ist seine eigenartige vegetative Vermehrungsweise. In den Achseln der Grundblätter wachsen zwiebelförmige Organe (eigenartig gestaltete Knospen), die sich von der Pflanze loslösen und „keimen" können — genau wie neue Pflänzchen.

Der Knöllchen-Steinbrech der Wiesen ist ein wenig bekanntes Kraut. Jeder Gartenfreund kennt aber Hunderte von Steinbrecharten und -unterarten, die sich für den Steingarten oder das Alpinum eignen. In den Felsritzen der Hochgebirge wachsen die meisten Steinbrecharten.

Von den rund 310 Arten der Gattung *Saxifraga* ist der Knöllchen-Steinbrech eine der wenigen Wiesenpflanzen aus den Niederungen.

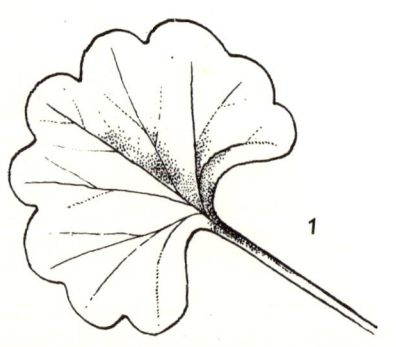

1

Wurzel/Sproß: mehrjähriges, in lockeren Büscheln wachsendes Kraut, 30—40 cm hoch, mit Knöllchen (Brutzwiebeln) am Wurzelstock; Stengel locker-ästig.
Blätter: Grundblattrosette aus nierenförmigen Blätter (1) mit gekerbtem Rand; Hochblätter am Stiel ansitzend, länglich mit gelappter Spitze; knospenartige Brutzwiebeln nur an der Basis der Grundblätter, nicht in Achseln der Stengelblätter wie bei verwandter Art *S. bulbifera.*
Blüten: nur wenige Blütenstände mit drüsigen, weißen Blüten.
Früchte: breite, eirunde Kapseln (2); Samen sehr klein, leicht, ohne Vorratsgewebe.

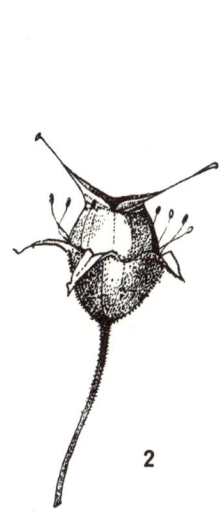

2

Blütezeit: Mai bis Juni/Juli.
Verbreitung: typische Wiesenpflanze in
West- und Mitteleuropa, aber auch westl.
Mittelmeergebiet und Nordwestafrika;
auf sandigen, kalkarmen Böden, auf
trockeneren Rainen und Hängen sowie
auf Weiden.
Heilkunde: früher als harntreibendes
Mittel und gegen Hautkrankheiten
genutzt; im Altertum gegen Nieren-,
Gallen- und Blasensteine. Kraut enthält
Gerb-, Bitterstoffe und das Glykosid
Bergenin.

45

Gemeines oder Wiesen-Knäuelgras
Dactylis glomerata L.

Süßgräser
Poaceae

Das Gemeine Knäuelgras ist sehr anpassungsfähig. Auf nährstoffreichen Böden kommt seine große Konkurrenzfähigkeit am besten zur Geltung: Es wurde nachgewiesen, daß es in Kulturrasenflächen in der Lage ist, Unkräuter wie Huflattich oder Löwenzahn zu unterdrücken. Da sich aber diese Konkurrenzfähigkeit in Kulturbeständen negativ durch Unterdrücken anderer wertvoller Grasarten bemerkbar machen kann (in zehnjährigen Beständen beträgt der Knäuelgrasanteil bereits 50 %), vor allem im zeitigen Frühjahr, wurde das Knäuelgras zum Gegenstand für die Zuchtforschung, die vor allem später schießende und blühende Linien heraussuchen soll.

Das Gemeine Knäuelgras gehört in die Gruppe der Gräser mit zwei- und mehrblütigen Ähren und zwei Hüllspelzen (1). Entwicklungsmäßig sind das sehr alte Gräser. Der wissenschaftliche Name *Dactylis* stammt von dem griechischen Wort dactylos = Finger, da die entwickkelten Blütenstände wie eine Hand mit Fingern aussehen.

Wurzel/Sproß: mehrjähriges, dichthorstiges Gras mit mächtigem Wurzelsystem; 30—120 cm hoch.

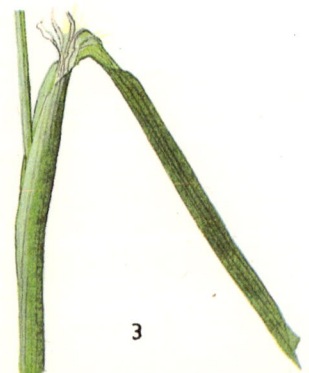

3

Blätter: Blattscheiden am Halmfuß auffällig seitlich abgeplattet (2) mit scharfer Kante; Blattspreite rauh und am Rand gezähnt; Zunge bis 4 mm hoch, häutig, zu einer Spitze ausgezogen und häufig gefranst (3).
Blüten: 3—4 blütig, grün leicht violett überlaufen, an den Rispenästen geknäuelt; die 2 Hüllspelzen sind derb und nicht durchscheinend.
Blütezeit: Mai bis Juli.
Verbreitung: sowohl auf frischen als auch trockenen Wiesen (gehört zu den wichtigsten Wirtschaftsgräsern); obwohl auch auf ärmeren Böden anzutreffen, gedeiht es auf mittleren bis nährstoffreichen Böden am besten; Europa.

1

2

Wiesenrispengras
Poa pratensis L.

Süßgräser
Poaceae

Das Wiesenrispengras hat seinen festen Platz auf den Wiesen und Weiden, da es vor allem in der ersten Hälfte der Vegetationssaison wertvolles Futter liefert. In der zweiten Hälfte der Saison ist seine Produktion an Grünmasse etwas geringer. Das Wiesenrispengras breitet sich sehr schnell aus und besetzt so die kahlen Stellen. Sehr häufig wird es in Grasmischungen für Zierrasen verwendet. Für die breite ökologische Anpassungsfähigkeit spricht auch die Tatsache, daß es eine der drei blühenden (höheren) Pflanzen ist, die in der Antarktis gefunden wurden (wohin sie natürlich von Menschenhand gelangt waren).

Die Gattung *Poa* umfaßt etwa 100 Arten; der wissenschaftliche Name kommt vom griechischen Wort póa, welches ursprünglich jedes Gras oder Kraut an sich bezeichnete.

Wurzel/Sproß: ausläuferbildend, 10—80 cm hohes Kraut mit meist glattem Stengel.

Blätter: Blattscheiden rund oder leicht seitlich zusammengedrückt; kurze, gestutzte Zungen, Blattspreiten am Rand und längs der Mittelader rauh — sie endet in einer kapuzenförmigen Spitze, die dem Bug eines Kanus ähnelt (1).

2

Blüten: Blütenstand eine pyramidenförmige Rispe, manchmal ziemlich lang, die Seitenzweige sind rauh; Einzelblüten in den Ähren (2), sind an der Spelzenunterseite mit langen, wolligen Fasern besetzt, die wie Spinnwebfäden aussehen; im Gewirr dieser Fasern bleiben oft die herausfallenden Samen (3) hängen.

Blütezeit: Mai bis August.

Verbreitung: bevorzugt trockenere, nährstoffreiche Böden, aber auch an Wald- und Wegrändern und Gebüschen; vom Tiefland bis in Höhenlagen über 2000 m; überall in Europa bis Spitzbergen, Nordasien, Nordamerika und Australien.

Verwandte: in Nord- und Mitteleuropa ist das Gemeine Rispengras *P. trivialis* Bestandteil der natürlichen, frischfeuchten nährstoffreichen Wiesen; es wird auch sehr häufig in Spezial-Grasmischungen für Sportplätze verwendet.

48

1

3

49

Wilde Möhre
Daucus carota L.

Doldengewächse
Umbelliferae

Die Möhre gehört zu den Kulturpflanzen, die schon den Bauern der Jungsteinzeit bekannt waren. Schon sehr bald kam der Mensch darauf, daß die spindelartigen Wurzeln der Möhre eine abnormale Dicke annehmen können. Bei diesem Prozeß wird das Bastgewebe der Gefäßbündel dünnwandig und satt orangerot. Dieses Gewebe enthält große Mengen Zucker und den Orangefarbstoff Karotin, das Provitamin des wichtigen Vitamins A. Die Wurzeln der Kulturmöhren enthalten außerdem noch die Vitamine C und B. So wurde aus der Wilden Möhre durch die Kultivierung des Menschen ein wichtiges, gesundheitsförderndes Gemüse. Aller Wahrscheinlichkeit nach war die Stammutter der Kulturmöhre eine Kreuzung von zwei ursprünglichen Rassen (ssp. *carota* und ssp. *maximus*). Die Kulturmöhren gibt es in verschiedenen Sorten mit zylindrischen, kurzen oder lang zugespitzten Wurzeln, die sich in Geschmack, Zartheit und Zuckergehalt unterscheiden.

Wurzel/Sproß: zwei- und mehrjähriges Wiesenkraut (typischer Möhrenduft); helle spindelförmige Wurzeln (1) enthalten, wie auch die Wurzeln der Kulturmöhren (2), schwach basische Mineralstoffe, Zucker und Vitamine (Karotin und Hydrokarotin); für die menschliche Ernährung — besonders in rohem Zustand — sehr wichtig.
Blätter: gefiedert und dreieckig-eirunde Form; Grundblätter gestielt, ansitzende Hochblätter mit kleinen Scheiden; enthalten Alkaloide.
Blüten: inmitten der weißen Dolden oft eine oder mehrere purpurrote Blüten; weiße sind zweigeschlechtlich oder nur männlich (4). Nach dem Verblühen schrumpft die vertrocknende Dolde auf charakteristische Weise (5).
Früchte: Schließfrüchte (3) mit hakigborstigen Rippen; auch Früchte enthalten ätherische Öle mit entwurmender Wirkung.
Blütezeit: Mai/Juni bis August/September.
Verbreitung: Wegränder, Steinbrüche, magere Wiesen und Weiden; Europa.

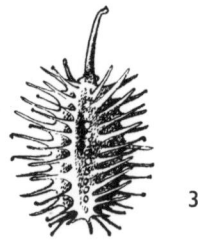

3

4

1

2

5

Wiesen-Glockenblume
Campanula patula L.

Den größten Wirtschaftswert haben die trockeneren Wiesen, da sie jährlich 2—3 Schnitte ermöglichen. Meist liegen sie auf nährstoffhaltigen, schwach feuchten Mineralböden in der Tiefebene und in den niederen Berglagen. Von den vielen hier wachsenden Pflanzen sind wohl die Margeriten, Storchenschnäbel und die Wiesen-Glockenblumen farblich am auffälligsten. Die Wiesen-Glockenblume ist eine sehr veränderliche Art, deren einzelne Populationen sich z. B. in der Blattbehaarung oder der Blütengröße unterscheiden.

Alle Glockenblumen sind biologisch wegen der unterschiedlichen Reife der männlichen und weiblichen Reproduktionsorgane interessant. Sie sind ein Musterbeispiel für die sog. Protandrie, d. h. daß die männlichen Reproduktionsorgane, die Staubgefäße, wesentlich früher als die Stempel bei einer und derselben Blüte ausreifen. Bei solchen Pflanzen ist eine Selbstbestäubung so gut wie unmöglich.

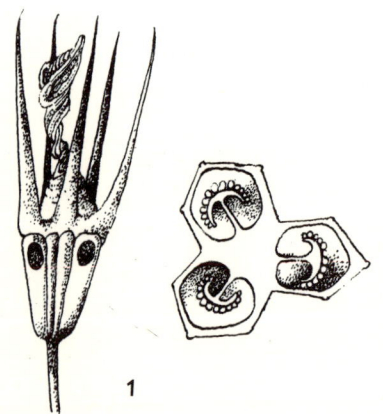

1

Wurzel/Sproß: zweijähriges, häufig auch ausdauerndes Kraut (15—50 cm hoch).
Blätter: Grundrosette aus länglichen, kurzstieligen, gekerbten Blättern, weiter oben an den kantigen Stielen werden sie kleiner, sitzen an und gehen plötzlich in die stützenden Hochblätter über.
Blüten: zierlich, typisch glockenförmig, an langen Stengeln in einer schütteren, ausladenden Rispe wachsend, glockenförmige Blütenkrone fast bis zur halben Länge in Zipfel gespalten; obwohl Farbe typisch blau, gibt es in jeder Population auch weißblütige Exemplare.

Früchte: morphologisch beachtenswert;
Kapsel (1), die sich an drei Stellen öffnet;
Öffnungen vergrößern sich bei
Trockenheit, ziehen sich bei feuchtem
Wetter etwas zusammen; die Samen
fallen bei Wind durch diese Öffnungen
heraus.
Blütezeit: Mai bis August.
Verbreitung: ganz Europa,
ausgenommen die arktischen und die
südlichen Gebiete.

Wiesenlieschgras
Phleum pratense L.

Das Lieschgras gehört zu den wichtigsten Grasarten, es kommt sowohl in der Landwirtschaft (Futteranbau) als auch in der Eingrasung landwirtschaftlich nicht genutzter Flächen zur Geltung. Aus diesem Grunde wurde es zum Gegenstand von Studien und Zuchtversuchen, die nicht nur auf Samenproduktion abzielten, sondern in erster Linie auf eine gleichmäßige Produktion von Grünmasse, auf Dauerhaftigkeit und Festigkeit der Grasnarbe. Die sog. Wiesentypen gehören zu den frühen, die Weidetypen zu den entwicklungsmäßig späteren Sorten des Wiesenlieschgrases. Auch im Aussehen unterscheiden sich die einzelnen Sorten: Die Wiesengräser sind aufrechte, kompakte Horste, die Weidegräser ausladender und haben teilweise niederliegende Blätter. Bedeutsame Unterschiede wurden auch in der Chromosomenzahl festgestellt.

Wurzel/Sproß: mehrjähriges Gras mit glatten, bis zu 100 cm hohen Halmen.
Blätter: die 5—8 mm breite Blattspreite ist deutlich gefurcht und leicht angerauht; Zunge (2—3 mm hoch) in der Mitte und an den Rändern zu einer Spitze ausgezogen; Blattscheiden rundlich, unten manchmal zwiebelförmig verdickt.
Blüten: Blütenstand ist eine dichte, walzenförmige Scheinähre, aus einer großen Menge einblütiger (1), dicht gehäufter Ährchen bestehend; Ährchen sind nicht so leicht von der Spindel abzustreifen wie beim früher blühenden Fuchsschwanz.
Blütezeit: Mitte Juni bis Mitte Juli.
Verbreitung: natürlicher Bestandteil der Tal- und Hangwiesen, aber auch der Vegetation auf offenen Waldlichtungen, an Wegrändern und Rainen; Tiefebene bis ins Hochgebirge (in den Alpen noch in 2600 m Höhe vorkommend); Europa, Nordasien und Nordamerika mit Ausnahme der arktischen Gebiete.
Verwandte: *P. phleoides* bevorzugt warme, sonnige Hanglagen; Blütenstände dieser Art spreizen sich bei Beugung lappig auseinander (2) — ein gutes Unterscheidungsmerkmal.

2

Wiesenpippau
Crepis biennis L.

Korbblütengewächse
Compositae

Die Landwirte sehen den zweijährigen, gelbblütigen Wiesenpippau nicht gern auf den Wiesen, da er ein hartes, bitteres Heu liefert — dafür schätzen ihn die Imker als eine gute Bienenweide. Auf zeitig geschnittenen Wiesen kann der Pippau leicht übersehen werden, da er spät blüht und so noch vor der Blüte geschnitten wird. Sofort schießt er aber von neuem und bildet viele ästige kurze Stengel, die sich weitgehend vom Habitus der „Frühjahrspflanzen" unterscheiden. Kommt er zur Blüte, bringt er viele Samen hervor und kann so gelegentlich zum Feldunkraut werden.

Die Pflanzen der Gattung *Crepis* wurden intensiven genetischen Studien unterworfen. Bei ihnen wurde nicht nur Veränderlichkeit der Chromosomenzahl bei einer einzelnen Art festgestellt *(C. tectorum)*, sondern auch gegenseitige Sterilität bei der Kreuzung von südeuropäischen und dänischen, also geographisch weit voneinander entfernten Pflanzen *(C. capillaris)*. Die kurzlebigen (oft nur einjährigen) Pippauarten sind häufige Unkräuter. Verschiedene Wissenschaftler sind der Ansicht, daß es sich um spezialisierte Evolutionsprodukte einstmals mehrjähriger Arten handelt.

Wurzel/Sproß: mittelhohes Kraut (30—100 cm), gemäß seinem lateinischen Namen „biennis" normalerweise zweijährig, selten einjährig; Stengel hart, gefurcht und im Oberteil ästig.

Blätter: Grundblätter gestreckt lanzettlich, zu einem Stiel verjüngt, Stengelblätter ansitzend, unregelmäßig gezähnt, gelappt mit auffällig großer Spitzenpartie.

Blüten: zierliche Zungenblüten, goldgelb (1) zu Blütenständen geordnet.

Früchte: 4 mm große, gerippte, schneeweiß beflaumte Schließfrüchte, die aus dem Blütenstand hervortreten.

Blütezeit: Juni bis September.

Verbreitung: arme, leicht feuchte Wiesen, in Gräben und an Wegen, gelegentlich an trockenen Dämmen: Tiefebene bis Gebirge; Europa (mit Feld- und Wiesenkulturen nach Nordamerika eingeschleppt.

1

57

Wiesenstorchschnabel
Geranium pratense L.

Storchschnabelgewächse
Geraniaceae

Die Storchschnäbel sind ein- und mehrjährige Kräuter. Der Gattungsname *Geranium* stammt vom griechischen Wort géranos, d.h. Kranich, wahrscheinlich auch wegen der schnabelförmigen Frucht. Auf unseren Wiesen kann man von den annähernd 300 Arten der Gattung *Geranium* am häufigsten den folgenden drei begegnen:

dem Wiesenstorchschnabel (*G. pratense*),
dem Sumpfstorchschnabel (*G. palustre*),
dem Waldstorchschnabel (*G. sylvaticum*).

Die einzelnen Arten stehen einander ziemlich nahe — das haben auch chemotaxonomische Studien ihrer Inhaltsstoffe nachgewiesen, vor allem der Gerbstoffe und des Zuckers. Die Schwankungen dieser Stoffe sind bei einer einzigen Pflanze im Laufe der Vegetationszeit größer als die Unterschiede zwischen den verschiedenen Arten.

Wurzel/Sproß: mehrjähriges Kraut (1a. 1b) mit kurzem Wurzelstock und rauh behaartem, aufrechtem Stengel (20—60 cm).
Blätter: tief (5—7fach) gelappt, obere Stengelblätter nur 3—5 lappig.
Blüten: hell blauviolett, seltener rosa oder weiß.

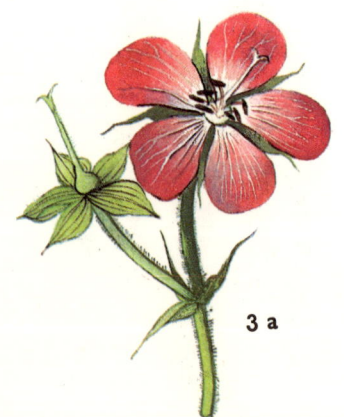

3 a

Früchte: eigenartige Springfrüchte, die einzelnen Arme dieser schnabelförmigen Früchte (= Grannen) reißen sich bei Reife vom verlängerten Blütenboden los und ringeln sich plötzlich nach oben zusammen; Grannen sind stark hygroskopisch und recken sich bei Feuchtigkeit wieder aus; Eigenschaft bleibt längere Zeit erhalten. Die Pflanze ist daher eine Art natürlicher Feuchtigkeitsmesser.
Blütezeit: Ende Juni bis Anfang September.
Verbreitung: Fettwiesen, Wegraine, fast ganz Europa.
Verwandte: *G. palustre* an Bachrädern, auf feuchten Wiesen und in Ufergebüschen; subozeanische Teile Europas (3a, 3b); lebhaft violett-rote Blüten, blüht von Juni bis September. *G. sylvaticum* auf fruchtbaren Bergwiesen in Quellgebieten, ebenfalls mehrjährig (2a, 2b) mit behaarten, handförmig in 5—7 Lappen geteilten Blättern; Ausbuchtungen nicht ganz so tief wie bei *G. pratense;* kleinere rot-violette Blüten von Juni bis August.

1 a

1 b

2 a

2 b

3 b

59

Glatthafer

Arrhenatherum elatius (L.) J. et K. PRESL

Süßgräser

Poaceae

Dieses Gras wurde früher für eine Art Hafer gehalten. Tatsächlich besitzt es einen ähnlichen Bau der Blütenstände und eine Reihe gemeinsamer Merkmale an den Blüten — wie z. B. die Grannen oder die Stempel mit den beflaumten Narben. Die langen, aus den Blüten hervorstehenden Grannen gaben auch der Gattung *Arrhenatherum* ihren Namen (griechisch arrén = männlich, athér = Granne).

Die hohen Halme des Glatthafers kann man auf keiner Wiese übersehen. Er gehört zu den guten, wirtschaftlich genutzten Wiesengräsern auf frischen und auch trockeneren Böden, die vom Menschen gedüngt und gemäht werden. Da er Niedertreten durch das Vieh nicht verträgt, fehlt er auf den Weiden.

Früher war der Glatthafer eine charakteristische Art der ursprünglichen, frischen mesophytischen Wiesen, wo er gemeinsam mit dem Wiesenstorchschnabel, Bärenklau, der Wiesen-Glockenblume, Wilden Möhre, Pippau und weiteren Arten wuchs.

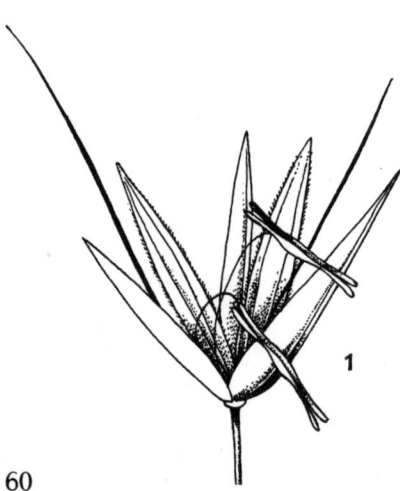

Wurzel/Sproß: eines der höchsten Wiesengräser (60—180 cm); tiefgehendes Wurzelwerk, deshalb Trockenheit oder vorübergehendes Austrocknen gut überdauernd; mehrjährig, unterirdische Ausläufer treibend; aufrechte, glänzende Halme.

Blätter: Blattscheiden rauh: Blattzunge kurz, gestutzt.

Blüten: Blütenrispe länglich, schmal und schließlich ausladend; Rispenzweiglein rauh und kurz; Ährchen normalerweise zweiblütig, untere Blüte männlich mit langer Granne und zwei Staubgefäßen (1), oft aus der Blüte hervorgestülpt erscheinend; oberes Ährchen zweigeschlechtlich, grannenlos; untere Spelze hat bis 10 mm lange gekniete Granne.

Blütezeit: Juni bis Anfang August.

Verbreitung: Fettwiesen,
Waldlichtungen, grasige Hänge, Raine,
Dämme; von Niederungen bis ins
Bergvorland aber auch in den
Gebirgstälern bis 1300 m, stellenweise
noch höher; fast ganz Europa,
Nordafrika, Kanarische Inseln, Mittel-
und Westasien; eingeschleppt nach
Nordamerika und Australien.

Margerite, Weiße Wucherblume
Chrysanthemum leucanthemum L.

Korbblütengewächse
Compositae

Wenn in den Wiesen die weißen Margeriten blühen, steht der Sommer vor der Tür. Doch wie ist das eigentlich mit der weißen Farbe? Die schneeweißen strahlenförmigen Blüten rings um den Rand des Blütenstandes sind im wesentlichen farblos. Der weiße Eindruck entsteht durch die totale Reflektion durch die Luft, die in den Zwischenzellräumen des Gewebes der Zungenblüten sitzt.

Wurzel/Sproß: mehrjähriges bis zu 80 cm hohes Kraut mit tiefgehenden oft verzweigten Wurzelstöcken und behaartem Stengel.
Blätter: Grundblätter: gestielt, verkehrt eirund, grob gezahnt; Stengelblätter: ansitzend, länglich, grob gezahnt.
Blüten: Blütenstände (3) bestehend aus Strahlen- (1) und Korbblüten (2), meist 3—6 cm groß; Blütenstand eine farblich vollendete biologische Blüte: Korbblüten goldgelb, Strahlenblätter scheinen weiß (s. o.); bei Gartensorten Größen bis zu 15 cm möglich, einige vollblütig, d. h. auffällig vergrößerte Zahl weißer Strahlenblüten.
Früchte: Schließfrüchte.
Blütezeit: Juni bis Oktober.
Verbreitung: frische, feuchte und trockene Wiesen, Weiden, Wegränder, Äcker; Europa, Kaukasus, Altai; in Nordamerika eingebürgert.

3

Gemeines Labkraut
Galium mollugo L.

Rötegewächse
Rubiaceae

Auf frischen Wiesen ist das Gemeine Labkraut eine sehr häufige Pflanze. Früher, als Sense und Pflug noch die wichtigsten Landwirtschaftsgeräte waren, machten seine oft über 1 m langen, niederliegenden Stengel den Schnittern die Arbeit schwer. An diesen langen, niederliegenden Stengeln kann man eine ähnliche Fähigkeit beobachten, die für gewöhnlich nur den Gräsern zugeschrieben wird: Die langen Stengel des Gemeinen Labkrauts können sich, wenn sie von starken Regengüssen oder Hagelschlag niedergeworfen wurden, sehr schnell wieder aufrichten. Dieses Phänomen wird durch die Erdanziehungskraft bewirkt (sog. negativer Geotropismus); im Gegensatz zu den Gräsern haben sie jedoch keine sog. Knoten (Nodien).

Das weißblütige Gemeine Labkraut wächst häufig gemeinsam mit dem gelbblütigen Echten Labkraut (*G. verum*). Die in Südosteuropa wachsenden Rassen dieser Labkrautarten kreuzen sich untereinander nicht, dafür sind sie in Mittel- und Nordeuropa durch genetisch unterschiedene Rassen vertreten, die sich leicht kreuzen; an Stelle ihres gemeinsamen Vorkommens kann man auch ihre recht fruchtbaren Kreuzungen antreffen. Etwa 300 Labkrautarten wachsen auf der ganzen Welt, ausgenommen Australien. *G. mollugo* und *G. verum* sind bis 1 m hohe Kräuter.

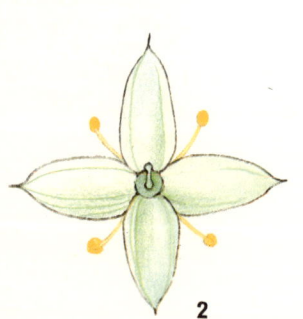

2

Wurzel/Sproß: das Gemeine L. (1) hat verzweigten, kriechenden Wurzelstock; Stengel abgerundet vierkantig, niederliegend.
Blätter: 4—8 gestreckt, linealisch.
Blüten: vierzählig, normalerweise cremeweiß, 2—4 mm groß (2).
Blütezeit: Juni bis September.
Verbreitung: Wiesen, Weiden, Wegränder; stickstoffreiche, lehmige Böden werden bevorzugt; Europa.
Verwandte: Echtes Labkraut (3), *Galium verum* gelbblütig, aufrechter Stengel (15—60 cm) mit auffallend schmalen linealischen Blättern in zwölfzähligen Quirlen: Blattunterseite befilzt; trockene Rasen, Raine, Feldwege, Dämme; SW-Deutschland, Täler der Zentral- u. Südalpen; blüht von Juni bis September/Oktober.

Wiesenschaumkraut
Cardamine pratensis L.

Kreuzblütengewächse
Cruciferae

Im Frühjahr erstrahlen auf jeder feuchten Wiese Tausende von weißen, rosa-violetten oder blaßrosa Blüten des Wiesenschaumkrautes. Es ist eine sehr anpassungsfähige Pflanze, deren charakteristische Grundblattrosetten man auch an wärmeren und trockeneren Stellen antreffen kann. Auch ihre Verbreitung über die Erde zeugt von einer Plastizität, wie sie nur wenige Pflanzen aufweisen können. Das hängt wahrscheinlich auch mit der nahezu kosmopolitischen Verbreitung der ganzen Kreuzblütlerfamilie *(Cruciferae)* zusammen, die extreme Lebensbedingungen verträgt: z. B. wächst *Braya purpurascens* auf Grinnell-Land 83°24′ nördlicher Breite; *Ermania koelzii* wurde in Kaschmir 6300 m hoch gefunden. Die Kreuzblütler sind häufig die letzten Gefäßpflanzen im Hochgebirge; viele von ihnen begleiten den Menschen als Unkraut auf allen Kontinenten.

Wurzel/Sproß: mehrjährig, kurzer Wurzelstock; aufrechter, sparsam verzweigter Stengel von 10−40 cm Höhe (manchmal auch unverzweigt).

1

Blätter: Grundblätter (oft überwinternd) bilden auffällige Rosette, manchmal dicht an den Boden gedrückt (1), unpaarig gefiedert mit oval-runden Teilblättchen; Stengelblätter kurz gestielt im spitzen Winkel abstehend.
Blüten: meist rosa oder weiß (2) mit dunklerer violetter Nervatur; Staubgefäße überwiegend hellgelb.
Früchte: Schötchen an aufrechten, abstehenden Stielchen.
Blütezeit: März/April bis Mai/Juni.
Verbreitung: Fett- und Naßwiesen, Flachmoore, Uferzonen, Auwälder; borealzirkumpolare Art, gesamter eurasischer Kontinent, ausgenommen Südspanien, Italien und Balkan; Südgrenze weiter östlich auf einer Breite, die in etwa den Quellgebieten der großen sibirischen Ströme entspricht bis Sachalin; in Nordamerika: Kanada und Nordstaaten der USA; vereinzelt auf Spitzbergen und an den Küsten Grönlands.

2

Pfennig-Gilbweiderich
Lysimachia nummularia L.

Verschiedene Forschungen an dieser Pflanze haben den Beweis erbracht, daß sie als Heilmittel bei der Bekämpfung von Grippeviren wirksam ist. In alten Herbarien, aber auch in neueren Rezepten wird der Aufguß aus dem Kraut als Mittel gegen Durchfälle und als Kräftigungsmittel empfohlen. Bei äußerer Anwendung wirkt ein Brei aus frischen Pflanzen wundheilend und schmerzlindernd bei Gelenkrheuma; kosmetisch wirkt er hautverbessernd (macht geschmeidig). Verschiedene Gilbweideriche (unter ihnen auch *L. nummularia*) werden in Gärten gezogen: Die Sorte ‚Aurea‘ mit goldgelben Blüten hat sich bei der Flächenbepflanzung von feuchten, jedoch sonnigen Stellen bewährt.

Wurzel/Sproß: mehrjähriges, kriechendes, meist an den Boden gedrücktes Kraut (1) mit vierkantigem, kaum verzweigtem Stengel, der an den Knoten (an den Stellen mit Blattansatz) wurzelt.
Blätter: gegenständig, ganzrandig, münzenartig rundlich, an der Basis schwach herzförmig.
Blüten: gelb, wachsen an kurzen Stielen aus den Blattachseln.

Früchte: Kapseln (Erhaltung und Vermehrung jedoch eher vegetativ als durch Samen).
Blütezeit: Mai bis Juli/August.
Verbreitung: feuchte Wiesen, an Gewässern und an Waldgräben, von der Tiefebene bis ins Bergvorland; ganz Europa (bis zum 62° n. Br.), von England bis in die UdSSR, ausgenommen die südlichen Mittelmeergebiete; eingeschleppt in atlantische Gebiete Nordamerikas und nach Japan.

Verwandte: *L. vulgaris* (2) auf
Sumpfwiesen, um Gewässerarme, an
Bächen, Flüssen und Teichen;
mehrjähriges bis 1 m hohes Kraut,
locker-ästig mit gegenständigen oder zu
3—4 in Quirlen angeordneten Blättern;
Blüten in Terminalrispen und in Achseln
der Hochblätter; blüht von Juni bis
August. *L. punctata* vereinzelt in
Quellgebieten der Berggegenden, mit
zitronengelben Blüten.

Wiesenkerbel
Anthriscus sylvestris (L) HOFFM.

Auch so eine einfache Pflanze mit Unkrautcharakter kann schön sein, besonders beim massenhaften Auftreten des Kerbels wie z. B. in Bayern ist der Anblick einer blühenden Kerbelwiese einfach beeindruckend.

Die Kerbelwiesengesellschaften sind nicht die einzigen Stellen, an denen der Wiesenkerbel wächst. Es hat sich herausgestellt, daß in der modernen, von der Zivilisation beträchtlich veränderten Landschaft der Kerbel seinen Platz in der Ruderalflora neben Giersch und Klette gefunden hat. Der Kerbel hat sich in den letzten Jahren in den Straßengräben stark angesiedelt, wahrscheinlich weil hier ökologisch geeignete (feuchte) und wirtschaftlich nicht genutzte (wegen des hohen Bleigehaltes werden die Grasbestände in den Straßengräben nicht mehr gemäht) Standorte die Entwicklung der Bestände ermöglichen. So dringt die Pflanze auch in die Städte vor.

Noch in jüngster Vergangenheit wurde eine verwandte Art, der Küchenkerbel *(A. cerefolium* ssp. *sativum)*, gezüchtet und überall in Europa als Suppen- und Soßenwürze verwendet.

Wurzel/Sproß: zwei- oder mehrjähriges Kraut mit kräftigem Wurzelstock und hohlem Stengel (1); mit Grundblattrosette überwinternd.
Blätter: geteilt, zwei- bis dreifach gefiedert; dreieckig-eirunder Umriß.
Blüten: weiß, grünlich oder gelblich; untief ausgeschnitten; Randblüten der Dolde haben leicht strahligen Charakter, da äußeres Kronblatt zungenförmig verlängert (2).
Früchte: kegelförmige, seitlich zusammengedrückte, oben kurz geschnabelte Schließfrüchte (3).
Blütezeit: April/Mai bis Juli/August.
Verbreitung: Fettwiesen, Hecken, Weg- und Straßenränder, Gräben, aber auch in stickstoffreichen Wäldern wie z. B. in Erlenbeständen, eurosibirisch: Mittel- und Nordeuropa, über Sibirien bis in den Fernen Osten; verwildert (mit Saatgut eingeschleppt) auch in Nordamerika.

2

3

Sauerampfer
Rumex acetosa L.

Knöterichgewächse
Polygonaceae

Der Sauergeschmack dieser Pflanze ist allgemein bekannt. Er stammt vom hohen Kleesäuregehalt, dieser kann, wie die Toxikologen bestätigen, in größeren Mengen sogar Vergiftungserscheinungen hervorrufen. In einigen Ländern (z. B. in Frankreich) war der Sauerampfer eine Salatpflanze, von dort stammen auch die beschriebenen Vergiftungsfälle. Ähnliche Zustände kann auch eine größere Menge Rhabarber hervorrufen — eine Pflanze aus der gleichen Familie — aus deren Blattstielen erfrischendes Kompott und köstliche Kuchenfüllungen zubereitet werden. Nierenkranke mit Neigung zur Oxalatsteinbildung sollten daher auf den Genuß von Sauerampferblättern und Rhabarber verzichten.

Der Kleesäuregehalt im Sauerampfergewebe ist so hoch, daß der ausgedrückte Saft Lackmuspapier schnell verfärbt. Nach kurzem Kochen werden die Sauerampferblätter goldgelb oder braun: Die Kleesäure wandelt in den toten Zellen das Blattgrün in den Farbstoff Feophytin um.

1

Wurzel/Sproß: mehrjähriges ca. 50—60 cm hohes Kraut.
Blätter: länglich, an der Basis in spitze Lappen auslaufend; Grundblätter langstielig, Stengelblätter ansitzend.
Blüten: gehäufter Blütenstand gelegentlich bis 25 cm hoch; eigenartiger Blütenbau: Krone besteht aus 6 Blättchen in 2 Ringen; Blättchen des inneren Ringes sind auffällig vergrößert und bleiben bei Fruchtreife erhalten; flügelförmig verbreiterte große Blättchen unterstützen Ausbreitung der Früchte als Flug- und Schwimmapparat; ihre Initialstadien schon in der Knospe erkennbar (1); wichtiges Bestimmungsmerkmal, da sog. Fortsätze tragend, die bei den verschiedenen Arten der Gattung *Rumex* charakteristisch angeordnet sind.
Früchte: dreiseitige Schließfrucht (2).
Blütezeit: Mai bis Juli.

Verbreitung: feuchte Natur- und
Kulturwiesen; infolge
Anpassungsfähigkeit aber auch an
trockenen Stellen wie Weiden, Rainen,
Bahndämmen; von Tiefebene bis in
Gebirgslagen um 2000 m (Alpen);
zirkumpolar in fast ganz Europa und
Asien, Ost- und Westküste Nordamerikas,
Kanada und Alaska.

73

Scharfer Hahnenfuß
Ranunculus acris L.

Der Scharfe Hahnenfuß ist eine charakteristische Pflanze der mittelfeuchten Wiesen, vor allem auf den Anschwemmungen von Flüssen und Bächen. Typisch für solche Wiesenbestände sind das Auftreten bunter Kräuter und Grasrasen. Margeriten, Klee, Sauerampfer, Wiesenknopf und Hahnenfußgewächse wachsen hier. Diesen Naturwiesen ähneln am ehesten die nährstoffreichen Kulturwiesen Mitteleuropas. Die gelben Hahnenfußblüten sind in einer bestimmten Jahreszeit sogar ihre Farbdominanten.

Der Scharfe Hahnenfuß ist ein Beispiel für eine Pflanze mit hoher Anpassungsfähigkeit. Um die Mitte dieses Jahrhunderts wurden in England Bestände mit den Hahnenfußgewächsen *R. repens, R. bulbosus* und *R. acris* studiert. Dabei wurde festgestellt, daß diese drei Arten auf Weiden und Wiesen mengenmäßig in Abhängigkeit von der Bodendränage vertreten sind; *R. repens* war in Senken und überschwemmten Furchen am häufigsten, *R. bulbosus* wuchs häufiger an erhöhten und gut dränierten Stellen. Der Scharfe Hahnenfuß war nicht wählerisch, er wuchs sowohl hier wie da. Ähnlich ist das auch mit der Keimfähigkeit. Der Scharfe Hahnenfuß nimmt eine Mittelstellung ein. Er kreuzt sich leicht mit anderen Hahnenfußgewächsen. Er enthält Anemonin und zählt daher zu den Giftpflanzen.

Wurzel/Sproß: kurzer, kräftiger unterirdischer Wurzelstock (1) mit zahlreichen Seitenwurzeln; aufrechter, verzweigter, zwischen 10 und 100 cm hoher Stengel; anliegend behaart oder kahl.
Blätter: Grundblätter langgestielt, handförmig, fünf- bis siebenlappig mit dreiteiligen Teilblättchen; Stengelblätter ansitzend, den Grundblättern ähnlich, aber mit schmalen bis linealischen Teilblättchen.
Blüten: goldgelb, 5zählig, Kelchblätter den Kronblättern anliegend; lange — bis zu 7 Tage — geöffnet.
Früchte: Schließfrüchte mit kurzem Schnabel (2).

2

Blütezeit: Mai bis September.
Verbreitung: Wiesen, Weiden,
Wegränder; nahezu ganz Europa und
NW-Asien, stellenweise auch in
Nordafrika und an der grönländischen
Küste.

75

Spitzwegerich
Plantago lanceolata L.

Wegerichgewächse
Plantaginaceae

Der Spitzwegerich ist ein Wiesenkraut, das in die Legenden und Fabeln eingegangen ist. Seine Blätter werden als Heilmittel seit Menschengedenken verwendet — auch wenn die pharmakologische Forschung noch nicht abgeschlossen ist.
Spitzwegerich kann in Feldkulturen zum lästigen Unkraut werden. An das Vieh verfüttert, können seine frischen Blätter Durchfälle hervorrufen.
Der wissenschaftliche Name des Wegerichs — *Plantago* — ist angeblich vom lateinischen Wort planta abgeleitet, das nicht nur Setzling, Ableger bedeutet, sondern vor allem Fußspur oder Fußsohle. So kamen unseren Vorfahren die Blätter verschiedener Wegericharten vor. Dabei ist es interessant, daß die amerikanischen Indianer völlig unabhängig davon zur gleichen Etymologie kamen: die nach Nordamerika eingeschleppten Wegeriche bezeichneten sie als „Fußspur des weißen Mannes", nicht nur wegen der Form, sondern auch deswegen, weil der Wegerich gut das Niedertreten verträgt und daher oft auch auf Feldwegen wächst.

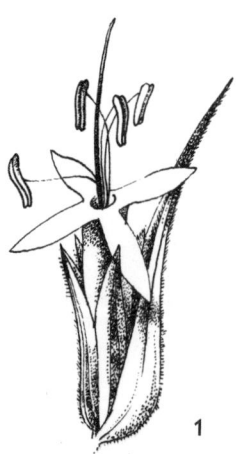

1

Wurzel/Sproß: mehrjähriges Kraut mit kurzer Wurzel und 5—50 cm hohem fünfkantigem aufrechtem Blütenstiel.
Blätter: lanzettlich in Grundrosette, zum Stiel hin allmählich verschmälert; streifennervig.
Blüten: zierlich, weiß-gelblich, vierzählig (1), zu endständiger, walzenförmiger Ähre zusammengefaßt.
Früchte: Kapseln; (an einer Pflanze bis zu 5300 Samen gezählt) dient als Vogelfutter; aufquellende Samenhülle, die bei Feuchtigkeit schleimig wird; klebt an Füßen vorübergehender Lebewesen (häufigste Verbreitungsart); bis zu 11 Jahren keimfähig.
Blütezeit: April/Mai bis September.
Verbreitung: Wiesen, Felder, Wege; Kosmopolit: ursprünglich Europa, Nord- und Mittelasien; nach Australien, Nordafrika und Nordamerika verschleppt (vermutlich von Siedlern als Heilpflanze mitgebracht).

Heilkunde: Umschlag aus zerdrückten Blättern auf nässende und schlecht heilende Wunden; als schleimlösendes Mittel und in Aufgußform als stuhlregulierendes Getränk und bei Entzündungen der Harnwege, Gallen- und Leberleiden; Blätter enthalten Glykosid Aucubin und wahrscheinlich Katalpin, ferner Gerbstoffe, Kieselsäure und Vitamin C; das chemisch unstabile Aucubin ist Ursache für das Braunwerden der Droge.

Vogelwicke
Vicia cracca L.

Die Vogelwicke gehört zu den sehr veränderlichen etwa 120 Arten der Gattung *Vicia*. Das hängt mit ihrer breiten ökologischen Amplitude und mit ihrer geographischen Verbreitung zusammen. Im Rahmen dieser komplexen Art wurden viele kleine Taxone beschrieben: Unterarten, Varietäten und Formen. Die meisten morphologischen Eigenschaften sind veränderlich — von der Größe der Pflanze über die Verzweigung, Stiellänge in den Blütenständen, Form der Blütenstände und Anzahl ihrer Einzelblüten — bis zur Blütenfarbe, der Größe und Anzahl der Samen in der Schote. Bei den meisten der verschiedenen beschriebenen Formen sind die Modifikationen standortbedingt, züchtet man sie in der Kultur, gehen die auffälligen Unterschiede verloren oder erweisen sich als unbeständig.

Unter den Wicken gibt es eine ganze Reihe wirtschaftlich bedeutender Arten, die als Futter angebaut werden. Die einjährige Saatwicke (*V. sativa*) ist eine beliebte Bienenweide: die schlüsselförmigen Nektarien sitzen allerdings nicht in den Blüten, sondern an den Blättern!

2

Wurzel/Sproß: mehrjähriges Kraut (1a) mit kriechendem Wurzelstock und bis 1,5 m langen niederliegenden bzw. rankenden, zähen, kantigen Stengeln.
Blätter: paarig gefiedert; das terminale (ungeradzählige) Teilblatt zu spiraliger Raute umgebildet.
Blüten: einseitige traubenförmige Stände, die oft bis zu 30 blauviolette Einzelblüten enthalten und sich bogenförmig entwickeln.
Früchte: 2—3 cm lange Schoten (1b).
Blütezeit: Juni bis August.
Verbreitung: feuchte Moorwiesen, Getreidefelder, aber auch auf trockenen Felsböden; von Island über ganz West- und Mitteleuropa nach Osten über Mittelasien bis Fernost nach Japan und Mittelchina.

Verwandte: Zaunwicke *(V. sepium)* (2) mit gefiederten Blättern, die eine geringere Anzahl breiter Teilblättchen und schwächer verzweigte Ranken aufweisen; Blütenkronblätter blaßviolett, nur das Schiffchen etwas dunkler.

1b

1a

Wiesenbärenklau
Heracleum sphondylium L.

Doldengewächse
Umbelliferae

Der Wiesenbärenklau ist ein hochwüchsiges, stattliches, mehrjähriges Kraut, das seinen wissenschaftlichen Namen *Heracleum* wahrscheinlich nach dem antiken Herkules bzw. Herakles erhielt. Es ist ein sehr variables Kraut, vor allem, was die Blattform angeht. Gerade anhand der Blattform wurden schon viele innerartliche Taxone beschrieben. Unregelmäßigkeit, ja sogar Monstererscheinungen kann man auch beim Blütenbau antreffen — so sind Fälle bekannt, in denen die Hochblätter die Form normaler, geteilter Blätter von Miniaturgröße angenommen haben.

Wurzel/Sproß: aus unterirdischem Wurzelstock wachsen aufrechte, hohle, kantig gefurchte, borstenhaarige, oben verzweigte 80—150 cm hohe Stengel.
Blätter: Grundblätter rundlich oder eiförmig, 20—50 cm lang, fiederteilig bzw. gefiedert mit großen, tief gelappten oder gezähnten Abschnitten, vielgestaltig.
Blüten: Dolden an Zweigspitzen

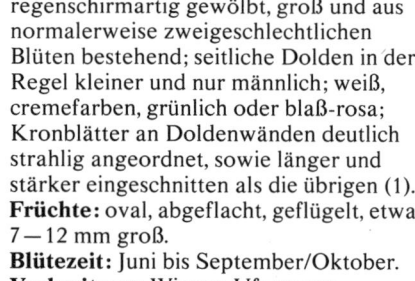

regenschirmartig gewölbt, groß und aus normalerweise zweigeschlechtlichen Blüten bestehend; seitliche Dolden in der Regel kleiner und nur männlich; weiß, cremefarben, grünlich oder blaß-rosa; Kronblätter an Doldenwänden deutlich strahlig angeordnet, sowie länger und stärker eingeschnitten als die übrigen (1).
Früchte: oval, abgeflacht, geflügelt, etwa 7—12 mm groß.
Blütezeit: Juni bis September/Oktober.
Verbreitung: Wiesen, Uferzonen, Auwälder, Gräben, Europa bis Sibirien, Nordafrika, in Nordamerika eingeschleppt.
Verwandte: *H. mantegazianum* (Kaukasischer Bärenklau) z. Zt. in fast ganz Europa expandierend; bis zu 3 m hohes Kraut mit mehr als meterlangen Blättern und Dolden von 50 cm Durchmesser; ebenfalls an feuchten Stellen (Gräben, an Wegen und Straßen) wachsend, deshalb oft als übergroßer Wiesen-Bärenklau angesehen; Fälle bekannt, daß nach Berührung frischer Stengel innerhalb 24 Stunden schwere Verätzungen der Haut auftraten, vergleichbar mit der Wirkung des Kampfgases Yperit; derartige Hautallergien, sog. Photodermatosen (erst nach Sonnenbestrahlung der betroffen Hautteile auftretend) werden von Stoffen der Photokumaringruppe hervorgerufen.

1

Wolliges Honiggras
Holcus lanatus L.

Das Honiggras ist weich und geschmeidig. Auch in einem Bestand aus vielen anderen Grasarten fällt es auf, da diese Weichheit sogar mit den Augen wahrgenommen werden kann. Es hat den Naturwissenschaftlern viel Kopfzerbrechen bereitet. Allgemein kommen in Europe zwei Arten vor: das Wollige und das Weiche Honiggras, die sich nicht leicht voneinander unterscheiden lassen. Das Weiche Honiggras (*H. mollis*) hat ein etwas kleineres Areal — dafür teilt es sich aber in 4 Rassen mit unterschiedlicher Chromosomenzahl. So ist z. B. in Großbritannien vielerorts *H. mollis* nur durch eine sterile Rasse vertreten, die sich nur durch vegetatives Vermehren erhält. Aufgrund umfangreicher Analysen kam der englische Botaniker K. Jones zu dem Schluß, daß das Weiche Honiggras in Großbritannien eine sehr komplizierte Kreuzung (Hybrid) darstellt, zu deren Eltern auch das Wollige Honiggras *(H. lanatus)* gehört. — Die Gattung *Holcus* ist nicht groß: sie besteht aus kaum 10 Arten.

Wurzel/Sproß: mehrjährig, dichthorstig, auffällig graugrün, 30—80 cm hoch; aufrechte Halme, besonders an Knoten weich behaart.
Blätter: Blattscheiden und Blattspreiten der eigentlichen Blätter ebenfalls behaart; Zunge ca. 2 mm groß, gespalten.
Blüten: Blütenstand ist eine verzweigte Rispe, deren Zweige auch behaart sind; Ährchen 2—3blütig, rötlich — vor allem vor dem Aufblühen; männliche Blüten mit hakig umgebogener Granne, aber nicht besonders aus den Ähren herausragend (1).
Blütezeit: Juni bis September.
Verbreitung: feuchte, kalkarme Wiesen, Weiden, Flachmoore; zusammenhängend fast in ganz Europa wachsend, einige vereinzelte Lokalitäten in Nordskandinavien ausgenommen; auch Nordwest- und Nordafrika (Mittelmeerraum).

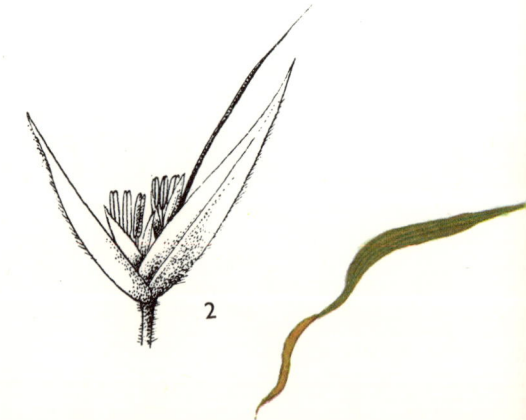

2

Verwandte: *H. mollis* — Weiches
Honiggras — mit kriechendem,
ausläuferbildendem Wurzelstock, kaum
Horste bildend; Grannen der männlichen
Blüten sehr lang und deutlich aus
Einzelblüte hervorragend (2);
Waldränder, Brach- und Ödlandflächen;
Element vieler Unkrautgesellschaften auf
Ackerböden in mittleren Lagen —
Hügelland — in 500 bis 1000 m ü. M.;
bevorzugt saure Bergböden; fast ganz
Europa; blüht Juli bis August.

1

Goldhahnenfuß
Ranunculus auricomus L.

Hahnenfußgewächse
Ranunculaceae

In den Blüten des Goldhahnenfußes befindet sich wie bei allen Hahnenfußgewächsen eine große Anzahl Staubgefäße. Wenn man sie vorsichtig herauspräpariert und in eine Reihe ordnet, gewinnt man eine fließende morphologische Reihe von standardmäßig aussehenden Staubgefäßen mit Staubbeutel bis zum normal entwickelten bunten Kronblättchen. Einige Wissenschaftler ziehen daraus den Schluß, daß die Kronblätter im Laufe der Evolution aus den Grundlagen der männlichen Reproduktionsorgane entstanden sind. In dieser fließenden Reihe von den Staubgefäßen bis zu den Kronblättern werden die Staubbeutel kleiner, verlieren ihre Fruchtbarkeit, so daß an diesen Übergangsgebilden nach und nach Nektarien auftreten. Diese Eigenschaften (d. h. die Umwandlung von Staubgefäßen in kronblattähnliche Gebilde) haben auch die Gärtner bemerkt und gerade unter den Hahnenfußgewächsen durch Selektion viele sog. gefüllte Pflanzen gezüchtet.

Wurzel/Sproß: mehrjährig, 15—50 cm hoch mit kurzem Wurzelstock und aufrechtem, glattem, nicht sehr verzweigtem Stengel.
Blätter: sehr veränderliche Blattform; starke Unterschiede zwischen Grund- und Stengelblättern; schon an einer Pflanze können sie eine ganze Reihe von Formen aufweisen; rundlich-nierenförmig, untief gezähnt, langgestielt, tief drei- bis fünfgeteilte Unterblätter, aber auch ansitzend handförmig gefiederte Stengelblätter mit fast ganzrandigen linealischen Teilblättern (1).
Blüten: an rundlichen Stielchen; goldgelb (2) — Artenname *auricomus* = goldblättrig.
Früchte: Schließfrüchte mit kurzem, hakig gekrümmtem Schnabel.
Blütezeit: April/Mai.
Verbreitung: feuchte bis ausgesprochen nasse Wiesen, im Unterwuchs vieler Laubwäldchen; in Parks, wo nasse Wiesen mit Baumgruppen abwechseln (hier ab April bis zum Frosteintritt ständige Komponente des krautigen Unterwuchses); fast ganz Europa (Süden und Alpen ausgenommen) bis nach Sibirien.

2

Wiesenfuchsschwanz
Alopecurus pratensis L.

Der Fuchsschwanz ist eine der wichtigsten Futterpflanzen. Die Fluß-regulierungen in unserem Jahrhundert haben die Bestände der natür-lichen Fuchsschwanzwiesen spürbar zurückgedrängt. Er ist aber noch immer eine wichtige Wirtschaftspflanze, die oft in Kulturwiesenmi-schungen gesät wird. Der Wiesenfuchsschwanz ist verhältnismäßig empfindlich gegenüber Stickstoffdüngung, gleichzeitig ist er auch ein wichtiger Lieferant von Stickstoffverbindungen (pflanzliche Eiweiße). Im Laufe der Vegetationszeit wurden beträchtliche Unterschiede in der Wuchsdynamik von Fuchsschwanzbeständen festgestellt: Im Ge-gensatz zu anderen Gräsern ist er in den Frühjahrsmonaten am größ-ten. Das hängt mit der allgemeinen Frühwüchsigkeit dieses Grases zusammen. Es blüht auch zeitig und hat also hinreichend Gelegenheit zur Selbstaussaat; so kann es sich in der Konkurrenz stärkerer Gräser und auf gemähten Wiesen erhalten.

Wurzel/Sproß: mehrjähriges, nur kurze Ausläufer bildendes Gras mit schiefem Erdsproß und glattem, aufrechtem Stengel (30—100 cm).
Blätter: kurz, deutlich gefurcht; Blattscheiden glatt, obere Blätter etwas aufgeblasen; Zunge 2—5 mm hoch, kragenförmig, häutig.
Blüten: Blütenstand zylindrisch (wie ein buschiger Schwanz ausschauend: vgl. deutscher und wissenschaftlicher Name — alopeks = Fuchs, oyra = Schwanz, altgriech.); Blütenstand besteht aus großer Menge von Einzelährchen, die seitlich zusammengedrückt und an den Spelzen behaart sind (1); Staubbeutel anfangs violett, später fuchsrot; im Gegensatz zum Wiesenlieschgras lassen sich Ährchen leicht von der Mittelspindel abstreifen (2).
Blütezeit: Mai bis Juni/Juli.
Verbreitung: in großflächigen Wiesengesellschaften — vor allem entlang der Unter- und Mittelläufe der Ströme im Tief- und Hügelland; meist auf Lehmsandböden, die im Frühjahr bei Hochwasser mit Nährstoffen angereichert werden; in den letzten

Jahrzehnten neue synanthrope Standorte
bezogen: nicht oder wenig gemähte
Straßengräben, die ökologisch den
natürlichen Überschwemmungswiesen
entsprechen (von Fahrbahnen
abfließendes Regenwasser einschl.
tauendem Schnee); hier anstelle von
Flächenbeständen gürtelartige Zonen;
West- und Mitteleuropa bis Mittelasien
und entlang der großen sibirischen
Ströme.

Europäische Trollblume, Kugelranunkel
Trollius europaeus L.

Hahnenfußgewächse
Ranunculaceae

Wäre nicht die inselartige Verbreitung der Art *Trollius laxus* auf dem nordamerikanischen Kontinent, könnte man die Trollblumen als Pflanzen der alten Welt bezeichnen. Altweltlich sind sie nicht nur im geographischen Sinne, sondern auch zeitlich: Die großen sog. Trollblumenwiesen, die einst jede Landschaft in Europa von der Tiefebene bis ins Gebirge zierten, gehören fast gänzlich der Vergangenheit an. Die Europäische Trollblume verträgt nämlich weder die moderne Landwirtschaftschemie noch übereilte Entwässerung. Daher wurde sie unter strengsten Naturschutz gestellt.

Die neusten taxonomischen Forschungen führten zur Teilung der ursprünglichen Art *T. europaeus* in zwei Arten: *T. europaeus* und *T. altissimus.*

Trollblumen werden häufig in Gärten gezüchtet; außer den ursprünglichen europäischen, asiatischen und amerikanischen Arten findet man meist hybride Kulturformen, von denen einige fast 80 cm hoch werden und meist orange oder goldgelbe Blüten tragen.

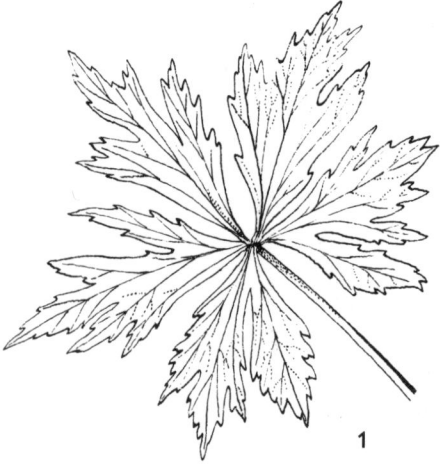

Wurzel/Sproß: stattliches, mehrjähriges Kraut mit aufrechtem Stengel, 30—60 cm hoch.

Blätter: wechselständig, tief handförmig geteilt mit gelappten Abschnitten (1).

Blüten: regelmäßig, zweigeschlechtlich; Eigenheit: die fünf und mehr Kelchblätter sind kronblattartig gelb gefärbt, ein auffälliges optisches Insektenlockmittel; die eigentlichen ebenfalls gelben Kronblätter — ringsum von den Kelchblättern umschlossen — sind schmal, zierlich und tragen an der Innenseite Nektarien.

Früchte: Bälge mit kurzen Schnäbeln (2a, 2 b); bei *T. altissimus* sind sie dagegen lang (3a, 3b).

Blütezeit: Mai bis Juni/Juli.

Verbreitung: Sumpfwiesen, Flachmoore, Bachränder, Bergwiesen (in den Alpen bis 2400 m), Europa, Kaukasus, arktisches Nordamerika.
Verwandte: *T. altissimus* in Deutschland, Polen, ČSSR, Österreich und Schweizer Alpen (?), sie ist variabler; asiatische Art *T. chinensis* — mit besonders starkem Unterschied zwischen breitem Kelch und schmalen Kronblättern.

Kuckucks-Lichtnelke
Lychnis flos-cuculi L.

Nelkengewächse
Caryophyllaceae

Die bizarre Blüte und die leuchtenden Farben machen die Lichtnelke zu einer der schönsten europäischen Wiesenpflanzen. Wiesen, die den größten Teil des Jahres als grüne Flächen ohne vertikale bzw. strukturelle Dominanten erscheinen, verwandeln sich mit Sommerbeginn über Nacht in ein buntes wogendes Blütenmeer. Die fein geschlitzten rosa Blüten der Kuckucks-Lichtnelken gehören unbedingt dazu und sind wohl am reizvollsten von allen.

Wurzel/Sproß: mehrjähriges, stattliches, schütter belaubtes Kraut mit unterirdischem Wurzelstock, 30 – 90 cm hohem Stengel (unterhalb der Knoten können sie wie bei der Art Pechnelke *(Lychnis viscaria* ssp. *viscaria)* klebrig sein: „Kuckucks-Speichel").

1

Blätter: länglich-zungenförmig, spitz gegenständig.
Blüten: Kronblätter (1) rosa, selten weiß, fast bis zur Mitte in vier linealische Fransen geschlitzt; an der Biegung des geschlitzten Kronblattes sitzt die Scheinkrone, die aus linealisch-borstenartigen Fransen besteht.
Früchte: kugelig-eirunde Kapseln.
Blütezeit: Ende Mai bis Anfang August.
Verbreitung: feuchte Bruchwiesen; Ufergebüsche und Felder; Tiefland bis Hochgebirge (Kärnten bis über 2000 m). Streng wissenschaftlich ist sie ein südsibirisches Geoelement, das in Westsibirien und fast überall in Europa wächst (sogar auf Island); nach Nordamerika eingeschleppt.
Verwandte: *L. flos-jovis* aus dem warmen Süden Europas, deren Blüten dem Jupiter geweiht waren *L. chalcedonica,* feuerrote Art aus Sibirien und Osteuropa, häufig in Gärten gezüchtet — auch „Brennende Liebe" genannt.

90

Schwedenklee
Trifolium hybridum L.

Schmetterlingsblütengewächse
Fabaceae

Die Gattung *Trifolium* wächst fast auf allen Kontinenten, die meisten Arten gibt es im Nahen Osten und in Europa. Viele von ihnen gehören zu den Kulturpflanzen, auch der feuchtigkeitsliebende Schwedenklee. Einige Botaniker halten ihn für eine natürliche (ursprüngliche) Art, andere sehen ihn als eine Kreuzung aus verschiedenen Kleearten an. In Europa wird er unter dem Namen „Schwedenklee" schon lange angebaut. Angenommen, er ist eine ursprüngliche Art, dann liegt sein natürliches Areal in Mittel- und Osteuropa, während er sich in Schweden und Westeuropa erst seit dem 18. bzw. 19. Jahrhundert ausgebreitet hat.

Aus wirtschaftlicher Sicht bewegen sich die Trockenfuttererträge des Schwedenklees bei 4 Schnitten um rund 200 dz pro Jahr und Hektar. Außerdem ist diese Art wie auch die übrigen Wiesenklees eine wichtige Bienenweide: Den Angaben zufolge kann man aus 1 ha Klee an die 100 kg Honig gewinnen.

3

Wurzel/Sproß: mehrjährig, spärlich verzweigt, aufsteigend (20—40 cm), nicht an den Knoten wurzelnd.
Blätter: langstielig, kahl, Blättchen fein gezähnt, Nebenblätter krautig.
Blüten: Köpfchen kugelig, vielblütig, normal schmutzig-weiß, später blaßrosa, nach Verblühen bräunlich (1a); Einzelblüten mit charakteristischem Aufbau aller Schmetterlingsblütler (1b).
Blütezeit: Mai bis September.
Verbreitung: Wiesen, Weiden, Wegränder; Europa.
Verwandte: Wiesenklee (*T. pratense*) mit fleischroten Blüten (3), an Zacken auffällig behaart; Inkarnatklee (*T. incarnatum*) (2), in Süd- und Westeuropa häufiger, unterscheidet sich von übrigen Kleearten in Bau und Größe der Blütenköpfchen sowie durch unterschiedliche Farbtöne.

1 a

1 b

2

Echtes Mädesüß
Filipendula ulmaria (L.) MAXIM.

Das Echte Mädesüß ist ein wichtiges feuchtigkeitsliebendes Kraut. Je nach Standort und entsprechend der Vegetationszusammensetzung werden die Gesellschaften mit *F. ulmaria* normalerweise in zwei selbständige Einheiten eingeordnet: Mädesüßwiesen (mit dominierendem Mädesüß und Sumpfstorchschnabel) und Mädesüß-Bachsäume mit einer etwas anderen floristischen Zusammensetzung.

Die ausgedehnten Mädesüßbestände an den Ufern bringen beträchtliche Pollenmengen hervor und werden viel von Bienen aufgesucht.

Wurzel/Sproß: mehrjähriges, stattliches, 1–1,5 m hohes Kraut (1), mit kriechendem Wurzelstock und spärlich verzweigtem Stengel.
Blätter: wechselweise unpaarig gefiedert, d. h. es wechseln kleinere und größere Teilblattpaare ab.

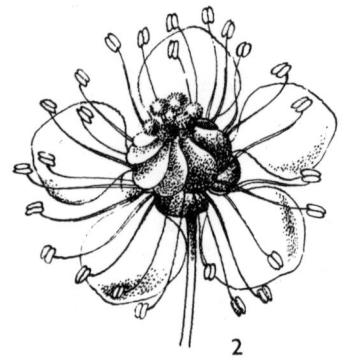

2

Blüten: weiß, meist fünfzählig (2).
Früchte: Bälge, gewunden.
Blütezeit: Juni/Juli bis August.
Verbreitung: feuchte Wiesen, Ufer, Bachgebüsche; von West- und Nordwesteuropa (in Skandinavien bis zum Nordkap) über Sibirien bis zur Mongolei.
Verwandte: Kleines Mädesüß (*F. vulgaris*) wächst von Westsibirien über Mitteleuropa bis Großbritannien; Stengel (3) aufrecht, in der Oberpartie fast blattlos; Blätter auch wechselweise gefiedert mit großer Anzahl tief eingeschnittener Teilblätter; weiße Blüten mit in der Regel sechs Kronblättern.
Heilkunde: wirkungsvoll als Mittel gegen Fieber; Droge wirkt auch schweiß- und harntreibend; als „Pflanzensalicylat" bezeichnet und bei Grippe und Harnblasenerkrankungen angewendet.

1

3

Großer Wiesenknopf
Sanguisorba officinalis L.

Rosengewächse
Rosaceae

Der Große Wiesenknopf gehört zu den weniger auffälligen Wiesenpflanzen, da seine Farben bescheidener sind. Die Blütenstände sind rot-violett, meist bemerkt man sie erst, wenn sie in Massen erscheinen. Die Pflanze war ein häufiges Element alter Kulturwiesen, deren floristische Zusammensetzung den Naturwiesen ähnelte. Nach der Anwendung von Kunstdünger und weiteren Chemikalien in der Landwirtschaft wurde zunächst ein allmählicher, später immer rascherer Rückgang des Wiesenknopfes beobachtet. Ein ähnliches Geschick hat auch die treuen Begleiter aller Wiesen, die Heuschrecken und Grashüpfer getroffen, die als erste die chemisch behandelten Wiesen verließen. Auch die stellenweise radikal durchgeführte Entwässerung hat ihren Teil zum Verschwinden des Wiesenknopfes beigetragen.

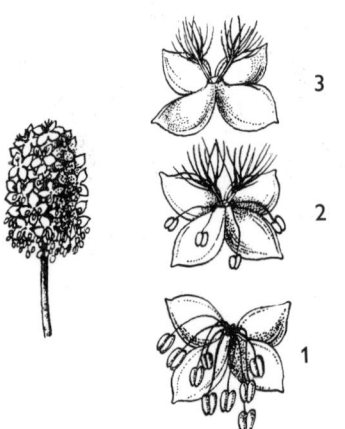

Wurzel/Sproß: mehrjährig mit kräftigem Wurzelstock, aufrechtem, 30–90 cm hohem, oben verzweigtem Stengel.

Blätter: Grundrosette mit langstielig, unpaarig gefiederten Blättern.
Blüten: dunkelrot, in köpfchenförmigen Ständen, vierzählig; keine Kronblätter; Funktion des optischen Insektenlockmittels haben die gefärbten Kelchblätter übernommen; alle Blüten zweigeschlechtlich.
Früchte: nußartig.
Blütezeit: Juni bis September.
Verbreitung: Bergwiesen, Moor- und Naßwiesen; fast ganz Europa bis Südskandinavien, Mittelspanien und Süditalien, weiter auch nach Osten über Nordasien bis Alaska.
Heilkunde: *S. officinalis* (wörtl. übersetzt bedeutet lat. Name etwa soviel wie „blutreinigende Heilpflanze"), alte Heilpflanze, erfolgreich gegen Ruhr angewendet; Wurzeln enthalten Galokatechin und Katechin, Triterpen, Sanguisorbigenin und andere Stoffe; auch als Badezusatz und als Auflage bei nässenden Wunden und Ausschlägen.

Verwandte: Kleiner W. (*S. minor*) mit rundlicheren und rötlich-grünen Blütenköpfchen, die auch in der Zusammensetzung unterschiedlich sind; untere Blüten männlich (1), mittlere zweigeschlechtlich (2), obere weiblich (3); nur in Mittel- und Westeuropa.

Wiesenknöterich, Schlangenknöterich
Polygonum bistorta L.

Knöterichgewächse
Polygonaceae

Über die ganze Erde sind insgesamt etwa 150 Knötericharten verbreitet, Pflanzen von sehr unterschiedlichem Aussehen, die in einer ebenso unterschiedlichen Umwelt wachsen. Es sind neben Wasser- (im Wasser wachsenden, submersen) Pflanzen auch stattliche, oft mehrere Meter hohe Gewächse. Doch auch sehr seltene, niedrige Polster bildende Alpenpflanzen sowie die Dominanten der hochstengeligen Bergwiesen, die häufig in Massenpopulationen auftreten und diesen Wiesen den besonderen Zauber eines rosa Scheins verleihen — wie der Schlangenknöterich — treffen wir unter ihnen an.

Wurzel/Sproß: mehrjährig; kräftiger, gekrümmter Wurzelstock (lat. bis + tortus = zweimal gekrümmt); Stengel bis zu 1 m hoch.
Blätter: länglich-eiförmig, spitze Grundblätter mit auffällig geflügeltem Stiel; obere Stengelblätter haben leicht herzförmige Basis.
Blüten: Blütenstände sind auffällige bis 7 cm lange Kolben; Einzelblüten rosa, selten weißlich, mit 5 Kronblättern und 8 Staubgefäßen (1).

1

Blütezeit: Mai bis Juli.
Verbreitung: feuchte Wiesen, Bachufer, Quellgebiete der Niederungen, aber auch hochalmige Matten der Berge bis in subalpine Zone; fast ganz Europa, vor allem Gebirgsgebiete, Skandinavien nur verwildert; Nordasien bis Kamtschatka; arktische Gebiete Nordamerikas, besonders Alaska.
Heilkunde: Wurzelstock und Kraut liefern Droge gegen Entzündungen und Durchfall; auf Anwendung gegen Schlangenbiß, wie im Mittelalter üblich, blickt heutige Medizin nur schmunzelnd zurück; Ursache dieses Aberglaubens war Ähnlichkeit des Wurzelstockes mit Schlangenkörper; in einigen Ländern deshalb auch als „Schlangenwurzel" bezeichnet; Wurzeln enthalten bis zu 20 % Gerbstoffe, freie Gallsäure, Katechin, Stärke und andere Stoffe; aus ihnen wird auch Tinktur für Mundwasser gewonnen.
Verwandte: Knöllchenknöterich (*P. viviparum*) im äußersten Norden Europas, fast in ganz Nordasien und im arktischen Amerika; Eigenart: Vermehrung durch kleine zwiebelförmige „Brutknöllchen", die manchmal anstelle der Blüten entstehen.

99

Sumpfschafgarbe
Achillea ptarmica L.

Korbblütengewächse
Compositae

Beim Namen Schafgarbe denkt jeder sofort an die Gemeine Schafgarbe *Achillea millefolium,* deren Blätter aus vielen Teilblättchen bestehen — wie übrigens der lateinische Name der Art andeutet. Kaum jemand ist sich beim Anblick der Sumpfschafgarbe darüber im klaren, daß auch diese Pflanze zur Gattung *Achillea* gehört. Nur der schwache Duft eines zerriebenen Blattes verrät diese Verwandtschaft. Schafgarben mit schmalen, ungefiederten Blättern sind aber in der Gattung *Achillea* keine Seltenheit. Die Sumpfschafgarbe ist eine der wenigen Gattungen, die auch in Ziergärten vorkommt. Sie ist eine traditionelle Pflanze der dörflichen Gärten. Sie wird in erster Linie als Schnittblume genommen (dauerhafte Blüten) und zwar fast ausschließlich in gefüllten Sorten, d. h. alle Blüten in den Ständen sind Zungenblüten.

Schon zu Plinius' Zeiten kannte man die Sage, daß die *Achillea millefolium* von den Kampfgefährten des homerischen Helden Achilles zu Heilzwecken genutzt sein soll, daher rührt angeblich die Benennung der Gattung *Achillea.*

Wurzel/Sproß: mehrjährig; verholzender Wurzelstock; aufrechter, dicht belaubter Stengel (30—150 cm), am Ende verzweigt.
Blätter: linealisch-lanzettliche Stengelblätter (1), an den Rändern knorpelig gesägt (2) (bei anderen Arten häufig mehrfach gefiedert).
Blüten: Blütenstände — lockere Trugdolde bildend — nicht groß, aus 8, 10 oder 15 weißen Zungenblüten und cremegelben Röhrenblüten in einem Mittelkörbchen bestehend (3); Randblüten in der Regel weiblich, Blüten im Körbchen zweigeschlechtlich.
Früchte: flaumlose Schließfrucht.
Blütezeit: Juli bis September.
Verbreitung: feuchte Wiesen, Wasserränder, Gräben, Röhricht; gemäßigte Zone, in Europa bis Polarkreis, in Asien (Sibirien) von Tiefebene bis in mittlere Lagen im Bergvorland und Gebirge; in den Alpen fehlt sie fast völlig.
Verwandte: Gemeine Schafgarbe (*A. millefolium*).

3

1   2

101

Sumpf-Kratzdistel
Cirsium palustre (L.) SCOP.

Die Korbblütler sind eine entwicklungsmäßig junge Gruppe. Die ältesten fossilen Reste wurden erst in den geologischen Schichten des jüngeren Tertiärs gefunden. Unter ihnen ließen sich die Vorläufer der heutigen Kratzdisteln erkennen.

Die Gattung *Cirsium* ist sehr umfangreich: Bisher sind etwa 250 Arten und eine außergewöhnlich große Anzahl von Kreuzungen bekannt. Dabei können sich sogar ökologisch einander fernstehende Arten wie die trockenheitsliebende *C. acaule* und die feuchtigkeitsliebende *C. palustre* kreuzen. In solchen Fällen ist aber die Nachkommenschaft nicht sehr lebensfähig. Kratzdistel und Kohldistel stellen eine sehr gute Bienenweide dar, die im Hoch- und Spätsommer eine beträchtliche Honigproduktion garantiert.

Wurzel/Sproß: zweijährig, 30—200 cm hoch; Stengel über ganze Länge flügelig bestachelt und in unterer Hälfte abstehend behaart bis spinnwebartig beflaumt (1).
Blätter: Stengelblätter herablaufend (die

3

Flügelleisten des Stengels erwecken den Eindruck, als wären sie Verlängerungen der Blätter), in dornige, schmale Lappen zerteilt, lanzettlich; Unterseite filzig-wollig.
Blüten: nicht besonders große Stände aus violett-rosa Blüten in kurzstieligen Trugdolden.
Früchte: kleine Schließfrüchte mit gefiedertem Flaum (3).
Blütezeit: Juli bis Oktober.
Verbreitung: feuchte Wiesen, Bachtäler, Umgebung von Quellen in Hanglagen (hoher Grundwasserspiegel!), in Gesellschaften mit weiteren hochhalmigen Kräutern; fast ganz Europa; Algerien.
Verwandte: Kohldistel (*C. oleraceum*) (2) mehrjährig, weiße, kaum stechende, frisch hellgrüne, wenig geteilte oder tief gelappte Blätter, gelbe Blüten; blüht von Juni bis Oktober; auf stickstoffreichen Talwiesen, im Unterwuchs von Erlen- und Eschenwäldchen; mit Sumpf-Kratzdistel kreuzungsfähig, häufig.

1

2

Sumpfdotterblume
Caltha palustris L.

Als Art ist die Sumpfdotterblume ein Komplex aus kleineren Rassen. Das war schon Carl von Linné klar. Er hatte bei den europäischen Populationen eine unterschiedliche Blütezeit beobachtet: In Holland blühen sie im März, in Schweden von April bis Mai und in Lappland erst im Juni. Gewiß hängt das auch mit den äußeren ökologischen Bedingungen der genannten Gebiete zusammen, doch führte das auch zu taxonomischen und genetischen Schlüssen. Auch in den äußeren morphologischen Merkmalen, z. B. in der Anzahl der Kronblätter ist die Sumpfdotterblume recht variabel und so hat ihre Einteilung in kleinere taxonomische Einheiten wohl ihre Berechtigung. Die in Europa unterscheidbaren Rassen (oder Unterarten) wurden beispielsweise aufgrund ihrer charakteristischen Fruchtform systematisch unterteilt.

Wurzel/Sproß: mehrjährig; fleischiger, ästiger Stengel (15—40 cm): bei der typischen Rasse aufrecht, bei anderen niederliegend und an den Knoten wurzelbildend.

3

Blätter: Grundblätter mit herzförmig-rundlicher Spreite (1) und langem Stiel; obere Stengelblätter ansitzend, fast nierenförmig (2); später (im Sommer) entstehende haben grobe scharfe Zahnung.
Blüten: fünfzählige Krone mit größerer Anzahl Staubgefäße; sattgelb, fettig glänzend.
Früchte: Bälge, lange am Blütenboden verbleibend (3).
Blütezeit: März bis Juni.
Verbreitung: Sumpfwiesen, Auenwälder, Gräben; zirkumpolar auf der nördlichen Halbkugel — ausgenommen nördliche Gebiete Kanadas und Grönland.
Verwandte: *C. palustris* ssp. *palustris* auf feuchten Wiesen mit stagnierendem Wasser oder in Uferzonen von Teichen; bringt dort auffällige Bestände mit einer charakteristischen Faserung hervor. Wegen eines gewissen Alkaloidgehaltes gelten Sumpfdotterblumen als giftige Pflanzen!

1

2

Sumpfbaldrian
Valeriana dioica L.

Baldriangewächse
Valerianaceae

Die Gattungen der Familie *Valerianaceae* sind über die gemäßigte Zone der Nordhalbkugel (vor allem der Alten Welt) und über Südamerika verbreitet.

Wurzel/Sproß: mehrjährig, 10—30 cm hoch, kahl, kriechender Wurzelstock und aufrechter, schütter belaubter Stengel.
Blätter: untere normalerweise ungeteilt (1), übrige Stengelblätter ansitzend, fiederteilig mit größerem eiförmigen Endteil (2).
Blüten: in dreiteiliger Gabelung an den Stengelspitzen; männl. Pflanzen (3) haben größere, meist rosa gefärbte Blüten mit 3 Staubgefäßen, weibliche (4) kleinere Blüten mit 3 Staubgefäßen, weibliche kleinere Blüten mit kaum 1 mm langen meist weißen Kronblättern; in dreikammerigen Fruchtknoten sind zwei Kammern leer, nur in einer entwickelt sich eine Eizelle.
Früchte: einsamige Schließfrucht mit Flaum.
Blütezeit: Mai bis Juni.
Verbreitung: Sumpf- und Seggenwiesen, in Gras- und Schilfbeständen an Teichufern, in feuchten Gräben und auf Naßgallen in Wäldern, von der Tiefebene bis ins Gebirge (Bayern bis 1000 m, Tirol bis 1700 m); Areal reicht von Südschweden, Dänemark, Großbritannien und Nordostspanien bis in die UdSSR.
Heilkunde: Baldriane (vor allem Echter Baldrian — *Valeriana officinalis* aber auch *V. dioica*) sind wichtige Heilpflanzen; sie werden in vielen Sorten gewerbsmäßig angebaut; Wurzelstöcke enthalten eine Reihe von Stoffen, vor allem ätherische Öle, Gerbstoffe, Schleim, Harz, Gummi, Zucker und andere Substanzen; als Beruhigungsmittel zur Minderung von Reizbarkeit, bei Herzbeklemmung, Neurosen und Schlaflosigkeit infolge nervöser Erschöpfung und Überlastung meist als Baldriantropfen *(Tinctura valerianae)* verordnet; Wirkung der Droge aus *V. dioica* schwächer und kurzzeitiger wirkend.

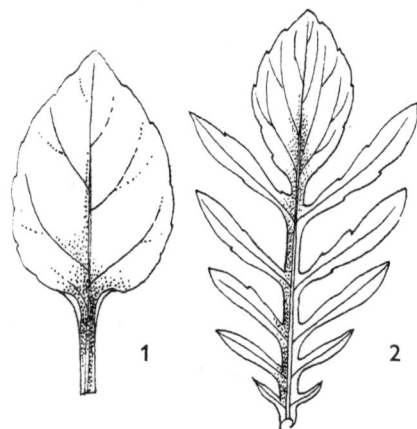

1   2

4

3

Sumpfblutauge
Potentilla palustris (L.) SCOP.

Rosengewächse
Rosaceae

In den zusammenhängenden Beständen von Gräsern und anderen Pflanzen der Bruchwiesen sowie im Unterwuchs der Uferweiden entgeht das Sumpfblutauge leicht der Aufmerksamkeit. Seine dezent gefärbten Blüten sind nämlich perfekt getarnt. Da die Süßwassermoore in der nördlichen gemäßigten Zone von Europa, Asien und Nordamerika annähernd gleiche ökologische Bedingungen für lebende Organismen bieten, nimmt es nicht wunder, daß das Sumpfblutauge in den genannten Erdteilen zirkumpolar verbreitet ist.

Die Gruppe der Fingerkrautpflanzen hat in ihren Blüten einen Innenkelch ausgebildet, auf dem erhöhten Blütenboden sitzt eine größere Anzahl Stempel in Ringanordnung.

Wurzel/Sproß: bis 1 m weit kriechend; Stengel aufsteigend (15—30 cm).
Blätter: gefiedert mit gesägten Fiederblättern, oben dunkelgrün, unten blaugrün bis grau.

1

Blüten: fünfzählig (an der Spitze oft siebenzählig) mit ungewöhnlichem Bau (1): schmal-lanzettliche Blätter des Außenkelchs, auf die breit eirunde zugespitzte, außen grüne, innen dunkel purpurn bis bräunliche Kelchblätter folgen, erst im Anschluß daran die zierlichen roten oder purpurfarbenen nur 3—8 mm langen Kronblätter; die zahlreichen Staubgefäße (ca. 20) sind dunkel purpurn.
Früchte: Schließfrüchte; wachsen in Ringanordnung auf dem erhöhten Blütenboden; der ganze Fruchtstand (2) ähnelt vertrockneten Früchten des mediterranen Strauches *Arbutus unedo* (Erdbeerbaum).
Blütezeit: Juni/Juli.

2

Verbreitung: Bruchwiesen; Flach-,
Zwischen- und Hochmoore; Unterwuchs
der Uferweiden; von Tiefebene bis ins
Gebirge (Alpen noch um 2000 m); meist
nahe kleiner Wasserflächen in
Gesellschaft von Fieberklee, Wollgras
und Seggen; Europa, Asien, Nordamerika.

Blutweiderich
Lythrum salicaria L.

Blutweiderichgewächse
Lythraceae

Die *Lythraceae* sind eine beachtenswerte Pflanzenfamilie. In England wurden fossile Überreste entdeckt, die bereits aus dem älteren Tertiär stammen. Die Familie umfaßt rund 25 Gattungen mit 450 Arten. Das Produkt der iranischen Art *Lawsonia inermis,* die im tropischen Asien und Nordafrika gezüchtet wird, kennen alle Frauen: Die Blätter enthalten den roten Farbstoff Hennah, der bereits im alten Ägypten zu Kosmetikzwecken diente. In die Geschichte der modernen Naturwissenschaft ging der Blutweiderich durch das Werk von Charles Darwin ein: „The different forms of flowers on plants of the same species" (1877). Er diente als Demonstrationsmodell zur Erläuterung der Heterostylie — die im Pflanzenreich als Mechanismus zur Verhinderung von Selbstbestäubung funktioniert. Der wissenschaftliche Gattungsname stammt vom griechischen Wort lýthron = blutbesudelt.

Wurzel/Sproß: mehrjährig, 30—150 cm hoch, aufrechter, schon am Fuß verzweigter Stengel, knolliger Wurzelstock.
Blätter: ganzrandig, schmal lanzettlich.
Blüten: Scheinähre am Stengel- oder Zweigende; rotviolett; 3 Blütentypen können unterschieden werden:

1. langer Griffel, der über die 6 kurzen Staubgefäße hinausragt, daneben 6 längere Staubfäden mit gelben Staubbeuteln (1).
2. kurzer Griffel, 6 längere Staubgefäße mit grün-blauen und 6 kürzere mit gelben Staubbeuteln (2).
3. Griffel mittellang, 6 längere Staubgefäße mit blauen, 6 kürzere mit gelben Staubbeuteln (3); nur Narben und Staubgefäße von gleicher Länge bringen eine Bestäubung zustande.
Blütezeit: Juni bis September.
Verbreitung: nahe bei Gewässern und auf nassen Sumpfwiesen, Mittel- und Nordeuropa, Baikalgebiet, Jangtsekiangmündung, Tibet, Jordangebiet, Algerien, Kanada, Peru und Südostaustralien.
Heilkunde: in der Volksheilkunst als bakteriostatisches Mittel: frisch gepflückte Weiderichblätter auf Schnittwunden gelegt.

111

Rundblättriger Sonnentau
Drosera rotundifolia L.

Der Sonnentau ist in der nördlichen gemäßigten Zone so etwas wie eine Tropenreminiszenz in Miniaturausgabe. In den Tropen gibt es viele große fleischfressende Pflanzen. Der Sonnentau wächst in Substraten, die sehr arm an Mineral- und Stickstoffnahrung sind. Unter den ungünstigen Bedingungen, die in Mooren, versumpfenden feuchten Wiesen, Gräben und Ufern herrschen, konnte er sich unter anderem wohl auch deswegen behaupten, weil er die fehlenden Stoffe (Stickstoff, Phosphor, Kalium) durch die Zersetzung von Insektenkörpern ergänzen kann.
Die Pflanze steht unter strengstem Naturschutz.

Wurzel/Sproß: mehrjährig; dünne Wurzeln; 5–15 cm hoch.
Blätter: Grundblattrosette mit langgestielten rundlichen Blättern (1); auf ihnen eigenartige haarige Gebilde (Tentakel); am Ende Tropfen einer klebrigen Flüssigkeit, die ein eiweißverdauendes Ferment enthält; in diese Tentakel führen Gefäßbündel, die den Transport der aus dem Insektenkörper entnommenen Stoffe besorgen; erste Phase der Insektenjagd seitens der Pflanze passiv (Insekt läßt sich selbst auf ihr nieder und bleibt kleben); in der zweiten Phase wird die Pflanze aktiv: chemotaktisch bzw. durch Gewicht des Insektenkörpers gereizt, wächst Blatt asymmetrisch und legt sich zusammen, so daß Insektenkörper mit größerer Anzahl Tentakel in Kontakt kommt.
Blüten: Stengel endet in Wickel aus zierlichen weißen fünfzähligen Blüten, die nur einige Stunden täglich zwischen 9 und 15 Uhr geöffnet sind (ephemere Blüten).
Früchte: einfächerige Springkapseln; sehr leichte, kleine Samen, von Wind und Wasser mitgenommen, auch über größere Entfernungen auf isolierte, oder sonst für Pflanze günstige Stelle gelangend.
Blütezeit: Juli bis August.
Verbreitung: zirkumpolar vom 30. Breitengrad bis zum nördl. Polarkreis in Eurasien und Nordamerika.
Heilkunde: schon im Mittelalter gegen Sklerose benutzt, was jedoch zur Vernichtung vieler Bestände führte; Anwendung heute: bei akuten und chronischen Entzündungen der unteren Atemwege, Asthma, Keuchhusten; als Tee gegen Arterienverkalkung (Arteriosklerose).

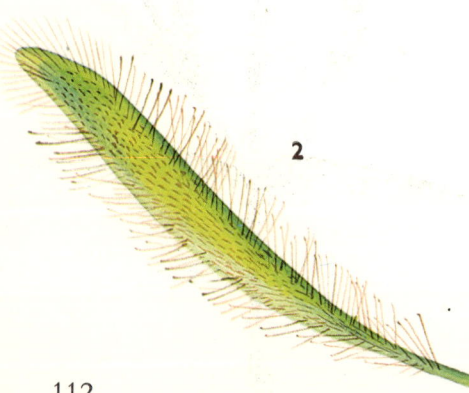

2

Verwandte: Langblättriger Sonnentau (*D. anglica*) mit schmalen länglichen Blättern (2), blüht Juni bis August; Nordwest- und Nordeuropa, Sibirien, Sachalin, Nordamerika; im Hochgebirge, z. B. Pyrenäen und Alpen, auch weiter südlich.

1

Sumpfherzblatt
Parnassia palustris L.

right
Steinbrechgewächse
Saxifragaceae

Das Sumpfherzblatt ist in vieler Hinsicht eine eigen- und einzigartige Pflanze. Schon ihre Systemeinordnung ist problematisch. Viele Botaniker haben sie sogar in enge Verwandtschaftsbeziehungen mit dem Sonnentau gebracht. Meist werden aber die Herzblattgewächse *(Parnassiaceae)* als selbständige Familie in die Ordnung der Steinbrechartigen *(Saxifragales)* eingereiht. Sie sind eine monotypische Familie mit einer einzigen Gattung *Parnassia,* deren rund 45 Arten amphiboreal in der nördlichen gemäßigten Zone wachsen.

Wurzel/Sproß: mehrjährig, aufrechter, 5—40 cm hoher einblättriger und einblütiger Stengel, Grundrosette.
Blätter: Grundblätter herzförmig, lang gestielt, bei manchen Exemplaren völlig fehlend; Stengelblatt umfassend ansitzend im oberen Drittel, manche Bestände also nur von Stengeln mit den umfassenden Hochblättern gebildet.
Blüten: ziemlich groß (bis 3 cm ⌀), fünfzählig, Kronblätter i. d. Regel weiß, selten rötlich, bis zu 8 Tagen geöffnet; 5 Staubgefäße und 5 längliche Staminodien (1) mit Nektarienfunktion.
Früchte: an 4 Klappen sich öffnende Kapsel (2); Samen winzig; einer wiegt 0.00003 g (100 000 Samen wiegen also 3 g).
Blütezeit: Juli/August bis September, im Gebirge etwa einen Monat früher.
Verbreitung: nasse Bruchwiesen und Moore i. d. Tiefebene; auf Kalksteinfelsen im Hochgebirge oft bis in subalpine und alpine Stufe (Schweizer Alpen bis 2700 m), ganz Europa — ausgenommen einige Mittelmeergebiete — Sibirien bis Japan, Kanada.
Heilkunde: in vergangenen Zeiten in Volksheilkunst als Bittermittel sowie als Herz- und Augenmedizin verwendet.

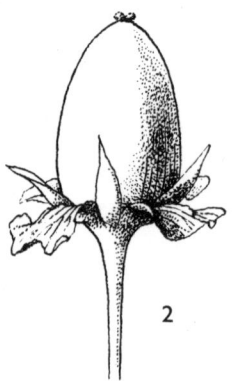

2

1

115

Lungenenzian
Gentiana pneumonanthe L.

Enziangewächse
Gentianaceae

Die Enzianwurzeln werden wegen ihrer Bitterstoffe zur Herstellung von Magenlikören genommen. Die Kräutersammler des vorigen, aber auch unseres Jahrhunderts haben dazu beigetragen, daß alle Enziane in fast allen Ländern unter strengen Naturschutz gestellt wurden.
Der Lungenenzian ist ein wenig besser dran als andere gelbe oder gesprenkelte Enziane, da er nicht so intensiv gesammelt wurde. Er verträgt aber keine Düngung bzw. intensive Bewirtschaftung.
Die Gattung *Gentiana* soll ihren Namen von dem illyrischen König Gentis erhalten haben.

1

Wurzel/Sproß: mehrjährig: 20—50 cm hoch; kräftiger, manchmal mehrköpfiger Wurzelstock; Stengel aufrecht, zäh, ästig, stumpf kantig.
Blätter: lineal-lanzettlich mit schwach untergedrehten Rändern; gegenständig ansitzend.
Blüten: in den Achseln der Hochblätter, einzeln oder zu 2—3; sattdunkelblau; glockenbecherförmige Krone (1) ragt weit über gezipfelten Kelch hinaus; an den Zipfeln der Krone auffällig grün gesprenkelte Bänder; eigenartige Reizreaktionen auf Insektenbesuch.
Früchte: Kapseln.
Blütezeit: Juli bis September/Oktober.

Verbreitung: vereinzelt auf feuchten
Wiesen, in Sümpfen und Mooren; dank
ökologischer Plastizität auch auf
trockeneren Halbsteppenwiesen; Europa
bis fast zum 60. Breitengrad und
Westasien.

Breitblättriges Wollgras
Eriophorum latifolium HOPPE

Riedgrasgewächse
Cyperaceae

Nur bei wenigen Pflanzen sind die verwelkten Blüten die größte Zierde. Zu ihnen gehören die Wollgrasarten. Die weißen wattigen Haare haben eine ganz bestimmte Funktion. Da das Wollgras häufig auf offenen Flächen wächst, über die der Wind weht, bläst dieser die weißen Büschel und mit ihnen die reifen Schließfrüchte fort.

Das griechische Wort erion bedeutet Wolle, ferein = tragen. Dieses charakteristische Gattungsmerkmal hat diesen Pflanzen den wissenschaftlichen Namen *Eriophorum* eingebracht.

Wurzel/Sproß: mehrjährig, horstig (ohne Ausläufer) (1); stumpfer, dreikantiger Stengel (30—60 cm).
Blätter: Blattscheiden unten schwarzbraun, Stengelblätter schmal-lanzettlich.
Blüten: mehrere langstielige, später überhängende Ährchen (3); vielblütig:

4

Blütenblätter zu glatten Haaren umgebildet, die sich nach Verblühen in die Länge ziehen und ein fransiges weißliches Büschel hervorbringen (4). Blüten unauffällig (5).
Blütezeit: März bis Juni (je nach Lage).
Verbreitung: Quellgebiete, Sumpf- und Moorwiesen, Teichränder (mit ausgedehnten Beständen); gemäßigte Zone der Alten Welt (eurosibirisches Florenelement).
Verwandte: Schmalblättriges Wollgras (*E. angustifolium*) bildet Ausläufer bzw. schüttere Horste; runder Stengel, Stengelblätter rinnig gekielt. Scheidiges Wollgras (*E. vaginatum*) mit am Rand rauhen Stengelblättern und Stengel, der in einem einzigen Ährchen (2) endet; in den Bergmooren, von der Hügellandschaft bis zur Subalpinzone (in Zentralalpen bis 2600 m); beide zirkumpolar in der gemäßigten Zone der Nordhalbkugel und den arktischen Gebieten.

Bitteres Schaumkraut
Cardamine amara L.

Kreuzblütengewächse
Cruciferae

Wanderer und Naturfreunde kennen ein gutes altes Rezept: Im Frühjahr, wenn nicht viel frisches Gemüse zu haben ist, wird auf die Wanderung nur Brot mit Butter oder Käse mitgenommen. Dann geht es hinaus ans Bachufer oder ins Quellgebiet. Hier findet man die weißblütigen Pflanzen des Bitteren Schaumkrautes. Vom Wort „bitter" (amara) darf man sich nicht abschrecken lassen, die Blätter werden aufs Brot gelegt. Der würzige, leicht brennende Geschmack ist eine angenehme Überraschung. Man kann die Blätter auch zum Würzen von Kopfsalat und ähnlichen Speisen verwenden. Dieses Naturgewürz ist von altersher bekannt.

Bei verschiedenen Schaumkräutern wurde eine interessante vegetative (ungeschlechtliche) Vermehrungsweise beobachtet. Auf der Blattunterseite sitzen an den Berührungsstellen von Teilblättchen und Hauptachse kleine Knospen, aus denen neue Pflanzen entstehen können. Kommt die Mutterpflanze zum Liegen (z. B. nach Hochwasser) und geraten ihre Blätter in direkte Bodenberührung, können aus einem einzigen Blatt sogar mehrere neue Schaumkräuter erwachsen. Am häufigsten wurde diese Eigenschaft beim Wiesenschaumkraut beobachtet. Nach der Samenreife im Hochsommer welken die oberirdischen Organe manchmal und trocknen ein.

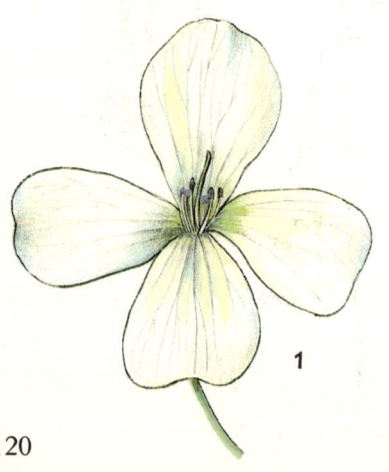

1

Wurzel/Sproß: mehrjährig; kriechender Wurzelstock; zäher, gewebegefüllter Stengel (15—50 cm); niederliegende schlagen an den Nodien (Knoten) leicht Wurzeln im feuchten Erdreich (s. o.).
Blätter: keine Grundrosette; Stengelblätter unpaarig gefiedert, breit eiförmig, Endblatt beträchtlich größer.
Blüten: fast immer weiß (1), selten hellviolett (violette Nervatur); Staubgefäße kräftig violett; einwandfreies Unterscheidungsmerkmal gegenüber der ähnlich ausschauenden Echten Brunnenkresse (*Nasturtium officinale*).
Früchte: gerade abstehende Schote mit Samen in einer Reihe.
Blütezeit: April bis Juni.

Verbreitung: stellenweise teppichartige
Bestände an Ufern von Bächen und
Flüssen, an Quellen, in Erlenwäldern, von
der Tiefebene bis in Gebirgstäler (noch
über 2300 m); Europa, in Skandinavien
bis 64° 30′ n. Br., nach Süden bis zum
Apennin und Balkan.

121

Gemeine Pestwurz
Petasites hybridus (L.) G., M. et SCH.

Die Pestwurze sind in vieler Hinsicht außergewöhnliche Pflanzen. Ihre systematische Einordnung und die Vermehrungsweise hat den Fachleuten schon viele Sorgen bereitet. Schon zeitig im Frühjahr erscheinen an Bachufern, vor allem im Gebirge und Bergvorland die eiförmigen ersten Triebe der Pestwurze. In der Natur sind die beiden „Geschlechter" (s. u. Blüten) ungleichmäßig vertreten. So wachsen z. B. in Großbritannien „weibliche" Pflanzen nur in Mittelengland häufiger, während die männlichen gleichmäßig überall wachsen. Trotzdem fehlt die Pestwurz fast nirgends. Sie zeichnet sich nämlich durch eine ungewöhnliche Fähigkeit der schnellen Vermehrung durch lange unterirdische Triebe aus.

Wurzel/Sproß: im Frühjahr blütentragende Stengel mit roten Schuppen; lange unterirdische Triebe bildend, daher selten einzelne Pflanzen, sondern stets zusammenhängende große Bestände.

Blätter: treibt erst nach dem Verblühen Blätter, die zu den größten in der Flora der gemäßigten Zonen gehören (max. 120 × 100 cm!); Unterseite grün, regelmäßig gezahnt, an der Basis herzförmig.

Blüten: Traube aus schütteren Blütenständen; entweder Mittelblüten im Stand zweigeschlechtlich und am Rand nur wenige oder gar keine weiblichen Blüten, oder nur einige zweigeschlechtliche Mittelblüten und an der Peripherie viele weibliche; erster Typ wird als männlich (Übergewicht an Pollenproduktion), der zweite als weibl. angesehen; Narben kurz (1).

Blütezeit: März/April bis Anfang Mai.
Verbreitung: Naßwiesen, Ufergelände, Erlen- und Weidengebüsch; im Flachland und in den Bergen von ganz Europa.
Heilkunde: alte Heipflanze; als Droge dient Wurzelstock zur Behandlung der Atemwege und als hustenstillendes Mittel.
Verwandte: Weiße Pestwurz (*P. albus*) im Bergvorland, Gebirge und subozeanische Teile Europas; Schuppen an Blütenstengeln blaß grün, Blütenhüllen ebenfalls, Narben länglich spitz (2); Blätter auf Unterseite weißlich befilzt, tief zweifach gezahnt, Basislappen berühren sich fast (3). *P. japonicus* (4) breitet vegetativ schnell in Gärten Westeuropas aus; aus Ostasien importiert; sterile Pflanze.

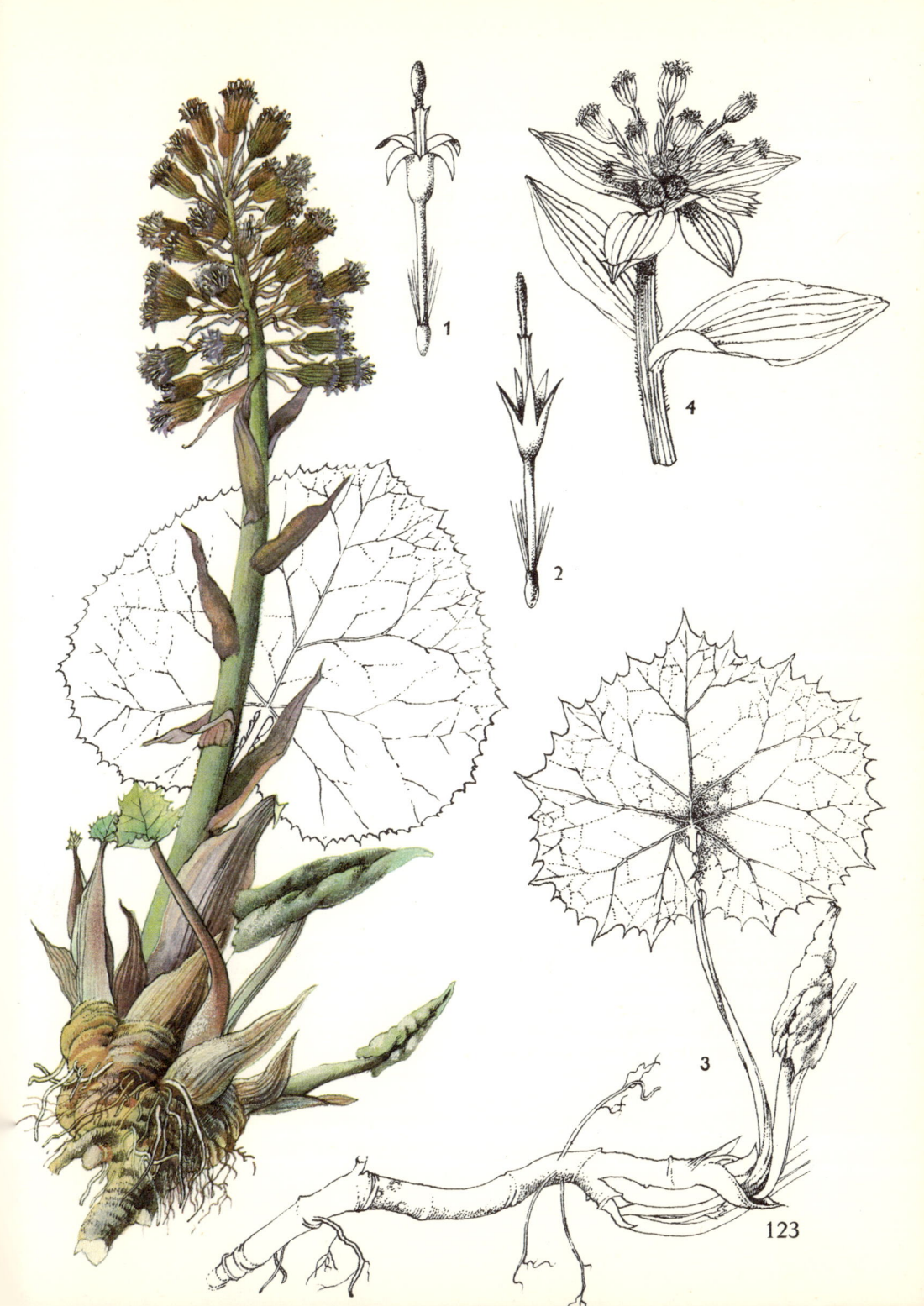

1

2

3

4

123

Dreiblättriger Fieberklee
Menyanthes trifoliata L.

Fieberkleegewächse
Menyanthaceae

Ähnlich wie die eng verwandten Enziane haben auch die Vertreter der Familie *Menyanthaceae* einen bitteren Geschmack. Da ihre dreizähligen Blätter den Kleeblättern ähneln, werden sie im Volksmund der verschiedenen Nationen als „Bitterklee" — oder nach den Standorten als „Wasserklee" bezeichnet (Bitterklee, Bitterblad, Trèfle de marais, Trèfle d'eau, Marsh-trefoil, Trefeni d'acqua). Der wissenschaftliche Name für diese Gattung wurde erstmalig von Theophrastus verwendet, er rührt wohl vom auffälligen Blütenbau her (Griech. menýein = erscheinen, anthós = Blüte).

Wurzel/Sproß: mehrjährig; gegliederter, kriechender Wurzelstock; meist unbelaubter Stengel (15—30 cm).
Blätter: mit verdickten Scheiden direkt aus dem Wurzelstock wachsend, dreizählige Spreiten an langem Stiel.
Blüten: Traube aus dekorativen weißlichen Blüten am Stengelende; Kronen fransig geschlitzt; normalerweise heterostyl, die Griffel entweder kürzer (1) als die Staubgefäße oder länger (2).
Früchte: vielsamige Kapseln.
Blütezeit: Mai bis Juni.
Verbreitung: Die Familie der Fieberkleegewächse findet man in Sümpfen und Mooren sowohl in den Tropen als auch in den gemäßigten Zonen; *M. trifoliata* heute recht selten; vereinzelt in Mooren, auf Sumpfwiesen, häufig in verlandenden Weihern und an Teichrändern in der Seggenzone, fast ganz Europa einschl. Irland; gemäßigte Zone Asiens bis Japan; Nordteil Nordamerikas.

Heilkunde: die Blätter enthalten u. a. den glykosidisch gebundenen Bitterstoff Loganin, Gerbstoffe, Cholin, Pektin und Zucker; deshalb in der Volksheilkunde vielfach als Ersatz für das Tausendgüldenkraut *(Centaurium minus)*, also bei Magen- und Verdauungsbeschwerden angewendet; die getrockneten Blätter bis heute eine gesuchte Droge, auch zur Herstellung von Magenbitterlikören; appetit- und stoffwechselanregend, verdauungsfördernd; wegen der

2

ziemlich geringen Bestände zu den
bedrohten oder geschützten Arten
gerechnet; für Pharmaziezwecke
gewerbsmäßiger Anbau.

1

Strauß-Gilbweiderich
Lysimachia thyrsiflora L.

Die ökologische Plastizität und Anpassungsfähigkeit des Strauß-Gilbweiderichs bringt es mit sich, daß er sogar drei verschiedene ökologisch bedingte Wachstumsformen aufweist: eine auf dem Lande (terrestrische), eine im seichten Wasser (Litoral, emers) und eine untergetauchte (submerse) Form. Der Strauß-Gilbweiderich verträgt auch strenge Winter gut, denn er wächst fast bis zum 70. Breitengrad.
Von den übrigen Vertretern der Gattung *Lysimachia* unterscheidet sich der Strauß-Gilbweiderich vor allem durch den Blütenbau: er ist 6—7zählig, bei den anderen Arten der Gattung *Lysimachia* hingegen 5zählig.

Wurzel/Sproß: mehrjährig; kriechender, gegliederter Wurzelstock mit unterirdischen Ausläufern, an denen Knospen zur vegetativen Vermehrung sitzen, Folge: die Ausbildung größerer, zusammenhängender Bestände mit gemeinsamem Wurzelsystem (Polykormone); Stengel hohl, aufrecht (30—60 cm), an der Basis geschuppt (1). **Blätter:** ansitzend, schmal-lanzettlich, gegenständig oder in Quirlen zusammengezogen, an den Rändern leicht untergedreht, oft dicht rot gesprenkelt; Unterseite wollig beflaumt. **Blüten:** in fünfzipfeligen Kelchen; normalerweise 6—7zählige Krone (2); gelb, an der Spitze rot punktiert. **Früchte:** an fünf Klappen aufplatzende Kapseln. **Blütezeit:** Mai bis Juni. **Verbreitung:** Röhrichtzone, im Ufergebüsch, vorwiegend unter Weiden und in Erlenwäldchen, an der Grenze zwischen zusammenhängenden Pflanzenbeständen und offenem Wasser; an Stellen mit vollem Lichteinfall, aber auch im Unterwuchs dichter, schattiger Weiden- und Erlenbüsche; zirkumpolar in Europa, Nordasien und Nordamerika.

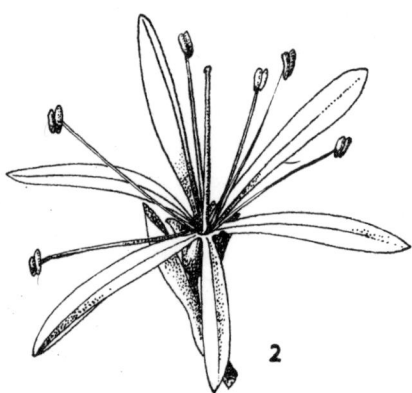

2

Waldsimse
Scirpus sylvaticus L.

Riedgrasgewächse
Cyperaceae

Die Waldsimsenbestände werden vorwiegend von Seggen, Hahnen-fußgewächsen und Binsen der Gattung *Juncus* begleitet, sie sind weit-gehend von einem stagnierenden Grundwasserspiegel abhängig. Dort, wo unter den Quellen das Wasser schneller strömt, wächst sie in einer artenarmen Gesellschaft mit dem Flutenden Schwaden *(Gly-ceria fluitans)*.
Die Bestände der Waldsimse sind in der Regel dicht, sie bedecken den Boden zu 90—100 %. Ihr Wirtschaftswert ist gering; früher wurden sie als Flechtmaterial verwendet (ähnlich wie Rohrkolben oder Schilf allgemein), aber auch als Streu.

Wurzel/Sproß: mehrjährig, auslaufender Wurzelstock; Stengel (40—100 cm hoch) stumpf-dreikantig, hohl.
Blätter: ca. 1 cm breit, kielförmig; am Rande rauh.
Blüten: auffällig großer Blütenstand am Stengelende, als Spirre bezeichnet, nicht selten bis 30 cm; mehrblütige Ährchen an Zweigenden der Spirre; zweigeschlechtlich mit den charakteristischen 6 Blütenborsten, 3 Staubgefäßen und dreiteiliger Narbe (1).
Blütezeit: Mai bis Juli.
Verbreitung: in Wäldern (eingeschleppt) auf feuchten Wegen, Pfützenrändern, Fahrspuren; hauptsächlich in feuchten Erlenbeständen der Sumpfdotter-blumenwiesen mit selbständigen Gesellschaften, an Bachufern, in Senken oder an Quellen; Hügel- und Bergvorland; in den Alpen bis 1800 m; fast ganz Europa außer den mediterranen und arktischen Gebieten; inselartig in Sibirien.

1

Blasensegge
Carex vesicaria L.

Riedgrasgewächse
Cyperaceae

Es ist nicht leicht, geeignete Vertreter der Gattung *Carex* auszuwählen, um eine gute Vorstellung von dieser Pflanzengruppe zu liefern, denn es handelt sich um eine der artenreichsten Gattungen überhaupt! Die Anzahl der Arten liegt bei rund 2000, man kann sie so gut wie überall auf der Welt antreffen. Allein bei den mitteleuropäischen Seggen gibt es fast 100 Arten! Es handelt sich um eine Gattung von Pflanzen mit außergewöhnlich breiter ökologischer Amplitude. Unter ihnen finden sich sowohl niedrige Seggen von trockenen Kalkstein-Felshängen als auch mächtige horstbildende Kräuter, die fast überall auf der Welt den Charakter der Bruchlandschaften bestimmen. In den Ufergewässern und auf feuchten Wiesen sehen Fischer und Landwirte die Seggen gar nicht gern. In seichten Teichen stellen die Seggenhorste den Übergang zur völligen Verlandung der Wasserfläche dar; als Futter eignen sie sich nicht, da sie hart und sauer sind. Junge Seggenbestände werden höchstens von Pferden abgeweidet.

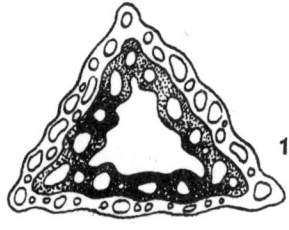

1

Wurzel/Sproß: kriechende, ausläuferbildende Wurzelstöcke, deutlich dreikantiger (1), rauher Stengel 30—80 cm hoch (2).
Blätter: grundständige Blattscheiden, netznervig, rötlich; Blätter hellgrün, im Reifezustand strohgelb.
Blüten: männliche Ährchen oben, weibliche unten; bei letzteren Fruchtknoten von einem Organ umschlossen, das nur 2—3 Narben nach außen dringen läßt und als „Schlauch"

bezeichnet wird; dieser steht schief aufrecht und geht in den Schnabel über; auffällige gelbgrüne Bläschen (3); es sind die blasig aufgetriebenen Schläuche, die als Schwimmorgan der „Früchte" dienen.
Blütezeit: Ende Mai, vorwiegend Juni.
Verbreitung: Ufer, Moore, Erlenbrüche, Verlandungsgebiete; fast ganz Europa.
Verwandte: Zittergrassegge *(C. brizoides)* in feuchten Wäldern und an Bachufern wachsend — auch als Seegras bezeichnet; schmal geflügelte, gelbgrüne Fruchtschläuche; Mittel- und Osteuropa südl. bis Oberitalien und Pyrenäen; Schlanksegge (4) *(C. gracilis);* ebenfalls ausläuferbildend, zeigen interessante geotropische Reaktion: Wurzelstock wächst stets waagerecht (in einer Ebene senkrecht zur Erdanziehungskraft), ganz gleich, in welche Lage man die Pflanze bringt; graugrün; von Tiefebene bis Hochgebirge; Balgfrüchte (5) ohne ausgeprägten Schnabelfortsatz; Europa.

Echte Brunnenkresse
Nasturtium officinale R. BR.

Kreuzblütengewächse
Cruciferae

Schon den alten Griechen und Ägyptern war die Brunnenkresse als gesundes Gemüse bekannt. Vor gar nicht allzu langer Zeit wurde sie auch in Europa auf großen Flächen angebaut. Vor allem in der Umgebung von Paris und in der Landschaft um Erfurt hatten sich viele Gärtner auf die Brunnenkressezucht spezialisiert. Von hier aus wurde sie frisch oder in Essig und Salz eingelegt vorwiegend nach England verschickt. Die Engländer waren die besten Kunden dieser Firmen, denn in ihrer Küche wird die Brunnenkresse nicht nur als Salat, sondern auch als Fleischbeilage verwendet. Außer den fleischigen Blättern fanden auch die Samen der Kresse in der Küche Verwendung — sie dienten als Senfzutat.

Die Brunnenkressekulturen unterscheiden sich von den gängigen Gemüseanbaumethoden. Als typische Uferpflanze ist sie eng an das Wasser gebunden. Daher wurde sie in etwa 2—3 m breiten Gräben gezüchtet, in denen der Wasserspiegel reguliert werden konnte. Im Durchschnitt wurde die Wassertemperatur dabei auf nur 8 °C gehalten. Da sie in kühlem Wasser besonders gut wächst, wurden oft auch Forellenteiche genutzt, denn die Pflanze verhindert die Entwicklung von Algen und reichert das Wasser mit Sauerstoff an.

1

Wurzel/Sproß: hohler, kantig geriefter, im Unterstiel (beim Niederliegen) wurzelschlagender, 20—90 cm langer, häufig ästiger Stengel.
Blätter: unpaarig gefiedert; weich, saftig, Endteilblatt am größten.
Blüten: zierlich, weiß mit auffällig gelben Staubgefäßen (1).
Früchte: zylindrische, leicht sichelförmig gekrümmte Schote mit Samen in 2 Reihen.
Blütezeit: Mai bis Anfang Juli.
Verbreitung: an Quellen, in Gräben und schnell fließenden, kühlen Gewässern; Pflanzenkosmopolit, aber in Nordeuropa nur bis Dänemark.

Heilkunde: Wegen des Gehalts an Vitaminen und ätherischen Ölen diente Brunnenkresse als Heilpflanze; noch heute als appetitanregendes Mittel und zur Behandlung von Störungen des Verdauungstraktes empfohlen; bei saisonbedingtem Vitamin-C-Mangel auch gegen Skorbut angewendet; Kraut enthält das Glykosid Glukonasturciin, Bitterstoffe; in frischem Zustand Lieferant der Vitamine A, C und E.

133

Bachbungen-Ehrenpreis
Veronica beccabunga L.

Braunwurzgewächse
Scrophulariaceae

Außer seinen beiden ökologisch bedingten Formen (wie bei einer Reihe von Uferpflanzen) — der Land- und Submersform, ist der Ehrenpreis eine ziemlich veränderliche Pflanze. In den meisten Fällen handelt es sich um ökologisch bedingte Krüppelformen (Nanismen) auf trockenen Standorten. Die Herkunft des Gattungsnamens *Veronica* ist strittig. Die Wurzeln des Namens werden sogar in einem keltischen Wortstamm gesucht. Dafür ist der Artenname *beccabunga* ein Beispiel für einen latinisierten Volksnamen: Er stammt vom deutschen Namen Bachbunge, der sich bereits in mittelalterlichen Mundarten findet.

Wurzel/Sproß: mehrjährig, 10—60 cm hoch; kriechender Wurzelstock.
Blätter: alle oder wenigstens die unteren deutlich gestielt, vorne stumpf und abgerundet.
Blüten: 5—8 mm Durchmesser, Blütentrauben nur 2—3mal so lang wie ihre Stützblätter; in den Trauben bis zu 25 Blüten, himmelblau.
Früchte: 3—4 mm große, breit herzförmige, „aufgeblähte" Kapseln, so umgebildet, daß sie in Farbe und Größe an Heidelbeeren erinnern.
Blütezeit: vom Mai bis in den Spätsommer.
Verbreitung: Wassergräben, Bach-, Teich- und Seeufer, feuchtes Quellgelände; vorwiegend in der Tiefebene und im Hügelland, nur selten über 1000 m (ausnahmsweise in den Alpen bis 2000 m und in den Karpaten über 1500 m), obwohl eigentlich kühle Gebirgsgewässer und Hochlagen günstig; fast ganz Europa, West- und Nordasien bis weit nach Osten, Nordafrika.
Verwandte: *V. angallis-aquatica* (1) Kosmopolit (durch Menschenhand verbreitet); Blüten blaß- bis rotviolett.

1

Wasserschwertlilie
Iris pseudacorus L.

Schwertliliengewächse
Iridaceae

Die Wasserschwertlilie ist keine besonders häufig vorkommende Pflanze. Trotz ihrer leichten vegetativen Vermehrung verschwindet sie zunehmend von ihren ursprünglichen Standorten. Daher steht sie in vielen Ländern unter Naturschutz. Ihren Teil zur Dezimierung der Wasserschwertlilienbestände in freier Natur haben vor allem die alten Kräutersammler und Wundheiler beigetragen, welche die Schwertlilienwurzeln (Wurzelstock) als blutstillendes Mittel verordneten (in Mattiolis Herbarium z. B. gegen Hämorrhoiden). In früheren Zeiten wurde die Schwertlilienwurzel als Radix Acoris palustris (= Schlammkalmuswurzel) bezeichnet, die Wasserschwertlilie selbst als falscher Kalmus. Gewiß lag der Grund dafür in der weitgehenden Ähnlichkeit der Blätter beider Pflanzen, sowie in einigen weiteren Eigenschaften. Der Wurzelstock der Wasserlilie wurde auch in Wein eingelegt und so als Mittel gegen Gelbsucht verabreicht.

An ihren ausdauernden Blättern kann man die sog. Kältewelkung erkennen. Die sonst zähen Blätter werden bei niedrigen Temperaturen schlaff. Das kommt in erster Linie durch die physiologische Trockenheit, da die auch im Winter grünen Blätter transpirieren, gleichzeitig können aber die unterirdischen Organe dem gefrorenen Boden kein Wasser entnehmen. Etwas ähnliches kann man auch bei immergrünen Gehölzen beobachten, z. B. bei *Rhododendron* oder auf den Feldern bei der Wintersaat.

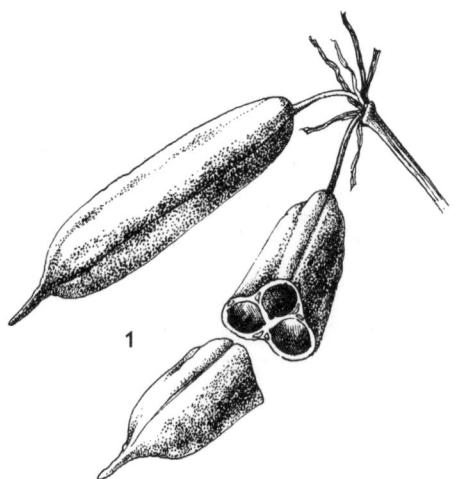

Wurzel/Sproß: mehrjährig; kräftiger verzweigter Wurzelstock; Stengel aufrecht, 50–100 cm hoch, leicht abgeplattet und rundlich ästig.
Blätter: charakteristische Schwertform; aus Achseln wachsen langstielige Blüten.
Blüten: gelb, äußere Blütenblätter eiförmig, herabhängend; innere linealisch aufrecht und kürzer.
Früchte: große zylindrich-dreikantige Kapsel (1).
Blütezeit: Mai bis Juni.
Verbreitung: vereinzelt an Rändern von Fischteichen und anderen stehenden Gewässern, im Ufergebüsch und in Erlenwäldchen; fast überall in Europa, ausgenommen die arktischen Gebiete, bis Westsibirien.

137

Kalmus
Acorus calamus L.

Aronstabgewächse
Araceae

Ohne den duftenden Kalmus wäre das Bild eines Teiches oder Sees unvollständig. Das war aber nicht immer so. Im 14.—16. Jahrhundert, als die meisten europäischen Fischteiche angelegt wurden, gab es in Europa keinen Kalmus. Damals wuchs er in Ostindien und China, wo, das kann heute niemand mehr genau sagen. Erst gegen Ende des 16. Jahrhunderts wurden die ersten Wurzelstöcke aus der Gegend von Konstantinopel nach Wien gebracht, von wo der Kalmus bald in alle europäischen Süßgewässer vordrang. Einen nicht blühenden Kalmus kann man leicht übersehen, vor allem zwischen Rohrkolben, Wasserschwertlilien und Igelkolben — ein Beobachter mit feinem Geruchssinn entdeckt ihn aber trotzdem. Der Duft eines zerriebenen Kalmusblattes ist einzigartig und unverkennbar, ebenso der Duft der dikken Wurzelstöcke. Diese haben auch den Ruhm des Kalmus begründet, der in altindischer, arabischer, griechischer und römischer Heilkunst sowie im Konditoreiwesen überliefert wurde. Radix calami aromatici — die Kalmuswurzel ist eine sehr nützliche Droge.
Die nach Europa und Amerika eingeschleppten Kalmuspflanzen blühen zwar hin und wieder, doch reifen ihre Samen nicht aus. Alle heutigen Bestände sind also ein Klon, d. h. vegetativ vermehrte Exemplare.
Der Kalmus gehört zur Familie Aronstabgewächse. Diese Pflanzen haben einen charakteristisch gebauten Blütenstand, bekannt durch die Kalla oder die Anthurie.

Wurzel/Sproß: kriechend, gegliedert, fleischig dick (bis 50 cm lang); braungrüner Stengel (60—150 cm), scharfkantig.
Blätter: glänzend, lang (bis 1 m), riemenförmig, an der Spreitenperipherie manchmal deutlich „gerafft".
Blüten: winzig (1), zu einem fingerartig verdickten Kolben zusammengedrängt, der normalerweise von einem lebhaft gefärbten Hochblatt, der Spatha, umgeben ist (vergl. Kalla — weiß, Anthurien — vorwiegend rot); Kalmus Ausnahme, da Spatha grün, den Blättern sehr ähnlich und in Richtung des Stengels fortgesetzt; eigentlicher Blütenstand (Kolben) zwar in Terminalstellung, aber wie Seitenblüte aussehend (2).
Früchte: keine Fruchtausbildung in unserem Klima.
Blütezeit: Juni/Juli.
Verbreitung: Gewässer, fast ganz Europa.
Heilkunde: Wurzelstock enthält bis zu 4 % ätherische Öle (Asaron, Eugenol), Bitterstoffe (Acorin, Cholin); nach dem Trocknen entstehen Gerbstoffe; der typische Duft wird den Aldehyden zugeschrieben; in humaner und veterinärer Volksheilkunst als Bestandteil von Magentees und bitteren, appetitanregenden Tees; zum Gurgeln und zu Umschlägen; als Bäderzusatz für nervlich labile Menschen.

138

1

2

Wasserschwaden
Glyceria maxima (HARTM.) HOLMB.

Süßgräser
Poaceae

Nach Schilf und Rohrkolben ist der Wasserschwaden die drittgrößte und zahlreichste Komponente in den hohen Uferröhrichtbeständen. Genau wie diese hat auch der Wasserschwaden seine Rolle im Dienst des Menschen gespielt. Schon aus der Frühgeschichte ist bekannt, daß die Samenkörner des Flutenden Schwadens *(G. fluitans)* in Notzeiten gesammelt und zu Graupen („Manna") gemahlen wurden; die Blätter dienten als Dachbelag.

Der Wasserschwaden ist eine sehr konkurrenzfähige Pflanze, die ausgedehnte monotone Bestände (Wasserschwadenwiesen) hervorbringt. Er hat eine lange Vegetationszeit, da er niederen Temperaturen gegenüber resistent ist. Dank der intensiven vegetativen Vermehrung veträgt er gelegentlichen Schnitt und Beschädigung sowie das Benagen durch Bisamratten ganz gut. In tiefen und fließenden Gewässern, z. B. in den Zuleitungen der Fischteiche bildet er submerse, in der Strömung schwimmende Blätter, diese Pflanzen blühen nicht.

Die verschiedenen Schwadenarten lieferten ein gutes süßes Futter für Rinder und Pferde. Daher erhielt die Pflanze wohl auch den Namen *Glyceria* (griech. glykerós = süß), was sich auch auf die Samen des Flutenden Schwadens, dem sog. Manna, beziehen kann, da sie etwa 40 % verdaulichen Zucker enthalten.

Wurzel/Sproß: (1a) mehrjährig, bis 2,5 m hoch; langer kriechender und flach angelegter Wurzelstock; Halme zäh, außergewöhnlich glatt und glänzend.
Blätter: hellgrün, 1—1,5 cm breit; Blattscheiden rauh, auf dem Rücken gekielt.
Blüten: ziemlich üppige, locker ausladende Rispe; Ärchen (1b) mehrblütig, abstehend, gelbgrün oder blaßviolett.

Blütezeit: Mai/Juni bis August.
Verbreitung: in seichten Buchten und stehenden Gewässern; zirkumpolar mit Verbreitungszentren in West-, Mittel- und Osteuropa, Mittelasien und im nearktischen Nordamerika.
Verwandte: Flutender Schwaden *(G. fluitans)* ist ebenfalls mehrjährig; schwimmende Blätter 50—200 cm lang; Halme 30—100 cm hoch, enden in einsitziger Rispe (2), deren Zweiglein in voller Blüte fast waagerecht abstehen; nach Ausreifen der Körner wieder an Hauptspindel angelegt; Heimat Europa, weiter nördl. vorkommend als Wasserschwaden; einige wenige Stellen der nordamerikanischen Atlantikküste; in Teichwirtschaft die willkommenere Art, da gute Bodenverhältnisse anzeigend und Schlupfwinkel und Laichplätze für Fische bietend.

1 b

2

1 a

141

Rohrglanzgras
Phalaris arundinaceae L.

Süßgräser
Poaceae

Das Rohrglanzgras wird leicht mit dem Schilf verwechselt, besonders außerhalb der Blütezeit. Tatsächlich ähnelt es in Färbung und durch die rauhen Blätter ein wenig dem Schilf. Es wächst sehr häufig an Flußufern, an den sich windenden Bachläufen und Altgewässern ohne starke Strömung, wo es die typischen Gesellschaften bildet, aber auch an Stellen mit rhythmischer Überschwemmung kommt es vor. Die Praxis hat gezeigt, daß Glanzgras ein gutes Futter für Pferde und Rinder liefert: Die Pferde bekommen angeblich ein glänzendes Fell, die Butter aus Milch der mit Glanzgras gefütterten Kühe hat einen besonders feinen Geschmack.

Daher wird das Glanzgras auf schwierig zu entwässernden Wiesen sogar in reinen Beständen angebaut. Für den Ziergarten werden panaschierte Sorten angeboten: Die Sorte ‚Picta' ist buntblättrig, die Sorte ‚Elegans' ist weißlich gestreift.

1

Wurzel/Sproß: mehrjährig, mit kriechendem Wurzelstock; Halme 0,5−2 m hoch; rohrartig, steif aufrecht. **Blätter:** graugrün, zugespitzt, flach. **Blüten:** ziemlich große, schmale, gelappte Rispe; vor der Blüte weißgrün-rötlich, später — wie ganze vertrocknende Pflanze — strohgelb (1); fällt aber nicht auseinander und perenniert an den Halmen bis zur nächsten Saison; dadurch charakteristisches Aussehen der Glanzgrasbestände; Ährchen einblütig (2), zweigeschlechtlich mit Relikten (Spelzen) von zwei weiteren verkümmerten Blüten. **Blütezeit:** Juni bis Juli. **Verbreitung:** an Ufern, in Gräben, auf nassen Wiesen; unregelmäßige Schwankungen des Wasserspiegels scheinen Wachstum zu fördern; fast ganz Europa, West-, Nord-, Ostasien und Nordamerika.

2

Flatterige Binse
Juncus effusus L.

Unvermeidliche Wasserbegleiter sind auch die Binsen. Eine von ihnen, die Flatterige Binse, kann man als Pflanzenkosmopolit ansehen. Binsen wachsen vielfach auch auf Waldböden und Wiesen. Dort signalisiert ihr Vorhandensein einen stagnierenden Grundwasserspiegel bzw. feuchte Lehmböden. Auf bewirtschafteten Wiesen sind sie ein lästiges Unkraut. Fischer sehen die Binsen ungern an den Ufern und in den seichten Teichpartien: Sie bilden nämlich mächtige Wurzelsysteme, vermehren sich schnell vegetativ und tragen so zur Verlandung der Gewässer bei. Früher wurden sie als Streu oder Flechtmaterial genutzt. Das weißliche, wattige Mark wurde vorsichtig aus den Stengeln verschiedener Binsenarten genommen und zu Dekorationszwecken bei der Anfertigung von Osterschmuck verwendet.
Obwohl die Stengel der meisten Binsen normalerweise zäh und aufrecht sind, wurden von der westeuropäischen Atlantikküste auch bizarre Bestände der Flatterigen Binse mit unregelmäßig gekrümmten und spiralig zusammengedrehten Stengeln bekannt.
Von der Nutzung rührt wohl auch der Name der Gattung *Juncus,* der vom lateinischen jungere = binden, stammt.

Wurzel/Sproß: (1a) mehrjährig; kriechender, ästiger Wurzelstock; dichthorstig wachsend, frisch grün; Stengel mit rundlichem Querschnitt (30—100 cm hoch), blatt- und knotenlos; an der Basis dunkelrote Scheiden; im Innern weißliche wattige, zusammenhängende Markfüllung (1b). **Blätter:** stielrund, dem Halm sehr ähnlich. **Blüten:** locker ausladender Blütenstand, scheinbar seitenständige offene Trugdolde, da Stützblätter als Fortsetzung des Stengels weit darüber hinausragen. **Früchte:** drei-klappige und -fächerige Kapsel mit zahlreichen Samen. **Blütezeit:** Juni bis August. **Verbreitung:** Ufer, nasse Wiesen, Sümpfe; Europa, atlantisches Nordamerika; auch an pazifischer Küste, in Südamerika, Afrika und Südostasien. **Verwandte:** Geknäuelte Binse (*J. conglomeratus*) (2); Blütenstand zu einem Knäuel zusammengezogen; blaugrüne Binse (*J. inflexus*) durch blaugrüne Färbung schon von weitem auffallend; Stengelmark in Längsrichtung unterbrochen (3).

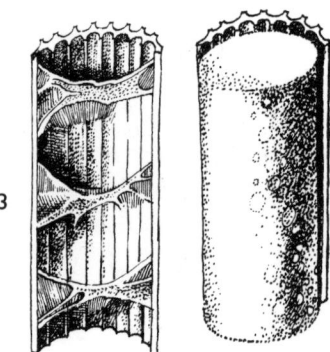

3   1 b

2

145

Zungen-Hahnenfuß
Ranunculus lingua L.

Hahnenfußgewächse
Ranunculaceae

Der Zungen-Hahnenfuß ist eine der größten, der etwa 800 Arten umfassenden reichen Gattung und hat auch die größten Blüten. Er bildet, ähnlich wie der Wasserknöterich, eine Land- und eine Unterwasserform, die man im Frühjahr oder erst im Herbst in einer Tiefe von etwa 30—60 cm antreffen kann. Die Hahnenfußgewächse sind eine Systemgruppe, für die unter anderem eine große Anzahl Staubgefäße in der Blüte charakteristisch ist. In diesen Blüten sind die Pollenkörner in jedem Staubbeutel annähernd im gleichen Reifestadium — aber im Rahmen der ganzen Blüte unterscheidet sich der Pollen in den verschiedenen Staubbeuteln stark voneinander; in einigen hat die Pollenbildung gerade erst begonnen, in anderen sind die Pollenkörner reif und bestäubungsfähig. Das hat im Hinblick auf die lange Zeitspanne, in der die Hahnenfußblüten geöffnet sind, seine Bedeutung bei der Bestäubung.

Wurzel/Sproß: mehrjährig; gegliederter hohler Wurzelstock mit zahlreichen unterirdischen Ausläufern; Stengel (bis 150 cm hoch) dick, hohl, nicht besonders stark verzweigt.
Blätter: lanzettlich, ganzrandig, hart; eine der Hahnenfußgewächse, für die handförmig oder anders geteilte Blätter typisch sind, weniger häufige Blattform; Name kommt von diesen „zungenförmigen" Blättern (lingua = Zunge).
Blüten: groß (3—4 cm), gelb, auf langen, runden Stielen.
Früchte: Schließfrüchte mit hakig gebogenem Schnabel (1).
Blütezeit: Juni bis August.
Verbreitung: sumpfige Teich- und Seeufer, Wassergräben, Tümpel, gelegentliche Überschwemmungen vorteilhaft, vereinzelt in Mittel- und Westeuropa.

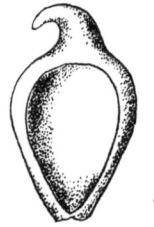

1

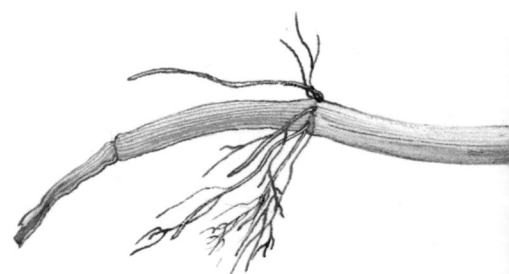

147

Spitzes Pfeilkraut
Sagittaria sagittifolia L.

Froschlöffelgewächse
Alismataceae

Die Gattung *Sagittaria* umfaßt etwa 30 vorwiegend amerikanische Arten. In Afrika oder Australien kann man sie in freier Natur nicht finden. Dafür züchten aber die Aquarianer aller Kontinente mit Vorliebe einige Arten (z. B. *Sagittaria latifolia, S. isoetiformis*). Die eigenartige, fast unwirkliche Form der Pfeilkrautblätter hat die Pflanzen auch in die Gärten gebracht, wo sogar gefüllte Sorten angepflanzt werden. Die wissenschaftliche und volkstümliche Bezeichnung der Pflanzen sind von der Blattform abgeleitet, die wie eine Pfeilspitze aussieht (lat. sagitta = Pfeil).

Wurzel/Sproß: vorwiegend vegetative Vermehrung; an ca. 50 cm langen Ausläufern entstehen im Sommer Knöllchen (perennierend, stärkehaltig); nach Eingehen der Mutterpflanze im Winter treiben aus den Knöllchen ganze Kolonien neuer Pflanzen.
Blätter: Überwasserblätter pfeilförmig, langgestielt; im tiefen, schnell fließenden Wasser lange, schmal linealische Blätter

5

(1); ähnlich sehen auch die ersten Blätter der ausschlagenden Pflanze aus; danach entstehen im ruhigen Wasser „zweite Generation" Blätter, die an langen Stielen nicht besonders große Spreiten tragen, nach Erreichen der Wasseroberfläche auf ihr treibend (2); erst ältere Pflanzen in seichtem Gewässer bringen die charakteristische Pfeilform hervor (3); zur besseren Durchlüftung der im Schlamm wachsenden Teile ist ein Aerenchymgewebe mit großen Zellzwischenräumen entwickelt (4).
Blüten: (5) Kronblätter weiß, am Grund purpurrot; männliche, obere Blüten an langem, weibliche, untere an kurzem Stiel.
Früchte: Schließfrucht, kugeliger Fruchtkopf mit vielen Teilfrüchtchen.
Blütezeit: Juni bis August, selten blühend.
Verbreitung: *S. sagittifolia* eurasischer Vertreter der Gattung; von europäischer Westküste bis zu ostasiatischen Inseln, in der Regel nur in der Tiefebene, kaum oberhalb 550 m; in stehenden Gewässern oder solchen mit schwacher Strömung; in

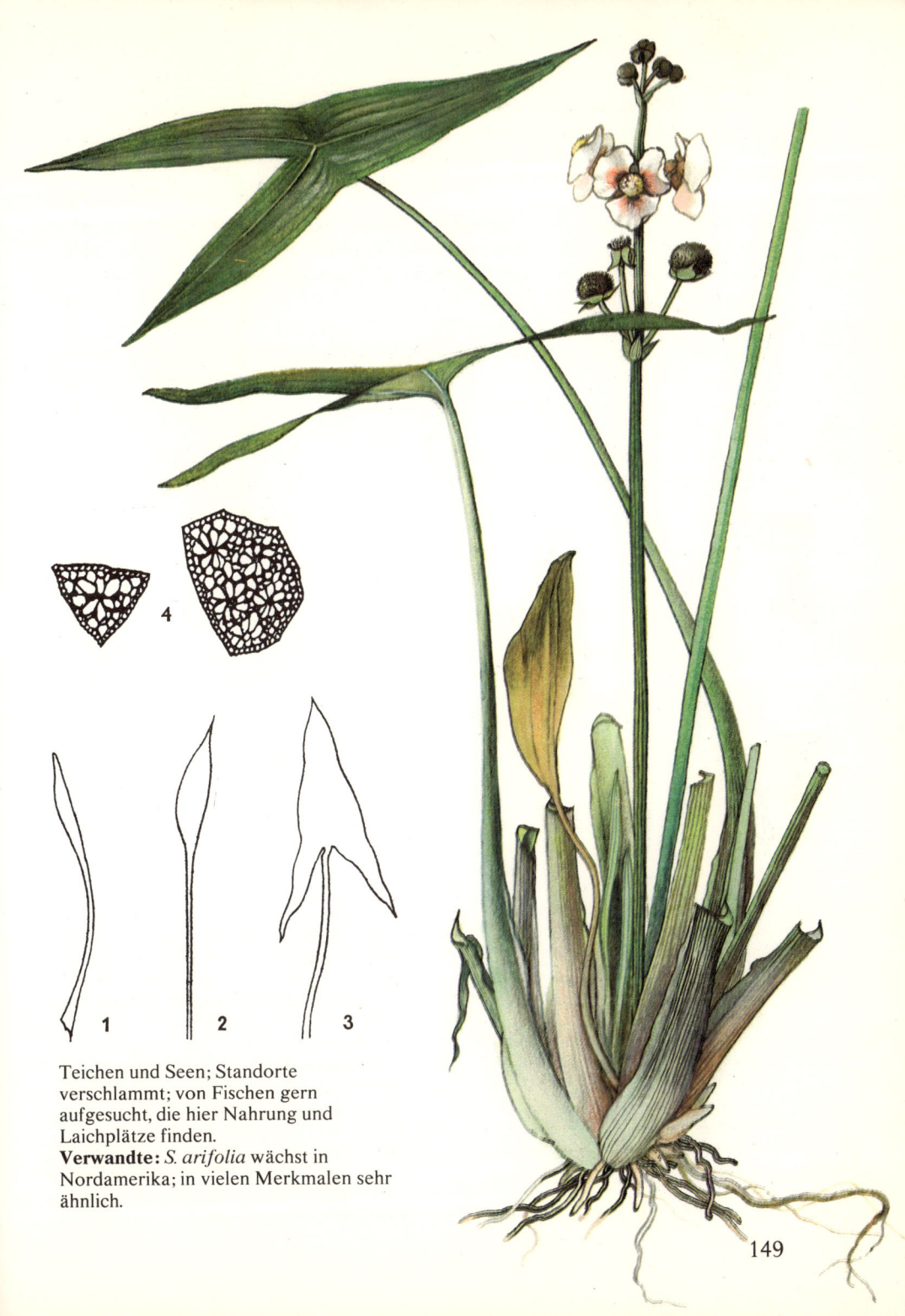

Teichen und Seen; Standorte
verschlammt; von Fischen gern
aufgesucht, die hier Nahrung und
Laichplätze finden.
Verwandte: *S. arifolia* wächst in
Nordamerika; in vielen Merkmalen sehr
ähnlich.

149

Teichschachtelhalm
Equisetum fluviatile L.

Schachtelhalmgewächse
Equisetaceae

In unserer Pflanzenwelt sind die Schachtelhalme Evolutionsrelikte. Im übertragenen Sinne sind sie Zeugen eines längst vergangenen Erdzeitalters. Die Vorläufer der heutigen krautigen Schachtelhalme trugen wesentlich zur Entstehung der Steinkohlenflöze und -lager bei und wurden so für uns zu einem wichtigen Energieträger.

Von den heutigen Schachtelhalmen sind der Teichschachtelhalm (*E. fluviatile*) und der Sumpfschachtelhalm (*E. palustre*) am stärksten an die Gewässerufer gebunden. Die Schachtelhalme tragen zur Verlandung der Uferzone bei; sie sind sehr zählebig und vertragen auch häufigen Schnitt. Auf einen einzigen Quadratmeter gemähter Sumpffläche wurden beispielsweise 1300 Teichschachtelhalme gezählt! Wegen des hohen Kieselsäuregehalts in den Zellhüllen eignen sich die Pflanzen nicht als Futter.

Schon die alten Griechen bezeichneten die Schachtelhalme als Roßschwanz oder Roßhaar — diesen Namen haben sie in latinisierter Form behalten (equus = Pferd, saeta = Haar).

Wurzel/Sproß: mehrjährig mit unterirdischen langgliedrigen Wurzelstöcken und aufrechten, quirlig verzweigten Stengeln, die gerieft und auffällig gegliedert sind; Gliedbasis scheidenartig von schuppigen Blättern eingefaßt; Stengel von vorübergehend überschwemmten Schachtelhalmen schlagen oft an diesen „Knoten" Wurzeln (1).

Blätter: am kräftigen, runden Stengel liegen 15—30zähnige Scheiden an (4), schuppig (s. o.).

Blüten: sporentragende Ähre am Ende des Stengels (2).

Blütezeit: Sommeranfang.

Verbreitung: auf sauren (Silikat-) oder torfigen Unterlagen, vor allem in den tieferen Lagen des Bergvorlandes, an den Rändern stehender Gewässer; dort oft dominierend; zirkumpolar auf der Nordhalbkugel.

Verwandte: Sumpfschachtelhalm (s. o.) mit dünnem, deutlich gefurchtem Stengel und lockeren 6—10zähnigen Scheiden (3); häufig auf Moorwiesen und sumpfigen Weiden, auf Lehmböden, vor allem in tieferen Lagen, obwohl in den Alpen noch aus 2450 m Höhe bekannt, ebenfalls zirkumpolar.

Bach-Quellkraut
Montia fontana L.

Portulakgewächse
Portulacaceae

Die Quellkräuter sind sehr unscheinbare, zierliche Pflanzen, die einigen Sternmieren sehr ähnlich sehen. Da sie an saubere Wasser gebunden sind, verschwinden sie leider immer mehr. Sie haben schwach fleischige Blätter, und ihre Bestände bilden einen sattgrünen dichten Teppich, in dem vor allem die junge Forellenbrut Unterschlupf findet. Gleichzeitig reichern sie das Wasser der Gebirgsbäche mit Sauerstoff an.

Montia fontana ist eine ziemlich veränderliche Art — einige Unterarten sind einjährig, andere zwei- und mehrjährig. Im Herbst sieht diese Pflanze anders aus als im Frühjahr.

Seinen Namen erhielt das Quellkraut zu Ehren von Professor G. Monti, der im 18. Jahrhundert in Bologna wirkte.

Wurzel/Sproß: niederliegend oder aufsteigend, auch im Wasser flutend; 10—20 cm hoch; ein-, zwei- und mehrjährig.

Blätter: gegenständig, ganzrandig, stumpf.

Blüten: klein, weiß, in end- oder seitenständigen Blütenständen einzelständig; zweiteiliger Kelch, 2 kleine und 3 große Kronblätter, 3 Staubgefäße (1); bei bedecktem Himmel bei Quellkräutern Selbstbestäubung der sich nicht öffnenden Blüten.

Früchte: beim Platzen der Kapseln werden Samen bis zu einem halben Meter hoch und ziemlich weit geschleudert.

Blütezeit: Juni/Juli bzw. September/Oktober.

Verbreitung: in Bergbächen, quellgespeisten Gräben und Wasserläufen oder auf überschwemmten Sandbänken an Flußoberläufen und Quellgegenden; sehr häufig gemeinsam mit der Quell-Sternmiere (*Stellaria alsine*), Flutendem Schwaden (*Glyceria fluitans*), Bachbungen-Ehrenpreis (*Veronica beccabunga*). Zusammenhängend Nordwesteuropa; vereinzelt Ostküste Nordamerikas, Küste Grönlands, Alaska, ostasiatische Inseln (Kurilen, Sachalin, Japan).

Häufig mit Sternmiere (2) verwechselt, die aber regelmäßig fünfzählige Blüten in achselständigen Blütenständen und spitze Blätter hat.

Aufrechter Igelkolben
Sparganium erectum L.

Igelkolbengewächse
Sparganiaceae

Die Familie *Sparganiaceae* ist sehr altertümlich: Fossile Igelkolbengewächse wuchsen bereits in der Kreidezeit auf dem Gebiet des heutigen Grönlands. Gegenwärtig ist die Familie nur durch eine einzige Gattung *Sparganium* auf der Erde vertreten, deren etwa 20 Arten in der gemäßigten Zone der Nordhalbkugel wachsen, nur eine einzige kommt auch auf Neuseeland vor. In Europa wachsen mehrere Arten, die gängigste ist wohl der aufrechte Igelkolben. Neben vielen anderen anatomischen und morphologischen Eigenarten ist bei diesem der Bau der Blattspreite interessant (s. u.).

Die Biomassenproduktion während der Saison ist im Vergleich zu anderen emersen Kräutern relativ niedrig und die Vegetationszeit kurz. Die sich vegetativ vermehrenden Bestände besetzen oft freie Räume in den Uferzonen und sind gegenüber der Konkurrenz anderer höherer Pflanzen, vor allem Schilfe, empfindlich. Wahrscheinlich hängt das mit dem hohen Lichtbedarf der Gattung *Sparganium* zusammen. Die dichten Bestände des Igelkolbens tragen zur schnellen Verlandung stehender Gewässer bei, ihre Widerstandsfähigkeit gegen niedere Temperaturen und Zufrieren der Gewässer gleichen die Benachteiligung gegenüber konkurrierenden Pflanzen aus. Die oft über 2 m langen Blätter wurden früher zu Korbflechtereien verwendet.

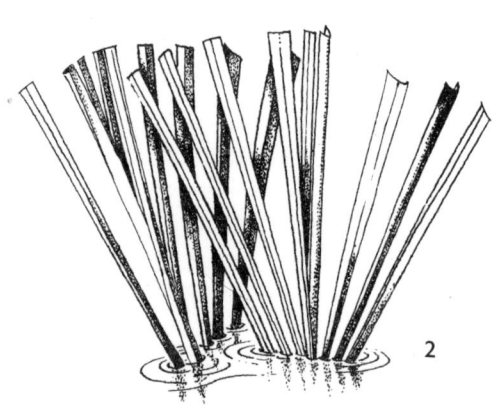

Wurzel/Sproß: mehrjährig; 30—200 cm hoch; kriechender, ausläuferbildender Wurzelstock; Stengel normalerweise kürzer als Blätter, ästig; oberirdische (sterile) Organe manchmal fächerförmig auseinanderstrebend (2).

Blätter: lang und schmal bis schwertförmig, im Durchschnitt dreikantig (1); in tieferen oder strömenden Gewässern auf der Oberfläche treibend; Assimilationsgewebe und Atemöffnungen an der ganzen Außenfläche.

Blüten: einhäusig, zu kugeligen Ständen zusammengeballt; im Unterteil größere Kugeln aus weibl. Blüten, in oberer Partie kleinere, männliche; dreizählig und regelmäßig.

Früchte: kugelige, igelartige
Fruchtstände (3); Schließfrüchte.
Blütezeit: Juni bis August.
Verbreitung: Teiche, Gräben, Seen;
Europa einschl. Mittelmeerländer,
Vorder- und Mittelasien.
Verwandte: *S. minimum* niederwüchsig
mit nur 1—2 männlichen und 2—3
weiblichen Blütenköpfchen;
Nordwesteuropa und Nordamerika.

Blumenbinse, Schwanenblume
Butomus umbellatus L.

Schwanenblumengewächse
Butomaceae

Wegen des Aussehens der Blätter und dem Standort kam die Pflanze unseren Vorfahren wohl wie eine bunt blühende Binse *(Juncus)* vor. Tatsächlich gehört sie aber zur Familie der *Butomaceae*. Wie die Blätter von Igel- und Rohrkolben, werden die der Blumenbinse zum Flechten von Matten und Körben verwendet.

Die Blumenbinse ist für Zierbassins geeignet. Einen kleineren Wasserbehälter kann sie aber völlig überwuchern. Doch sind ihre Blüten sehr dekorativ.

Wurzel/Sproß: mehrjährig; kräftiger Wurzelstock und rundlicher Stengel 60—125 cm.
Blätter: grundständig, schmal, riemenförmig, an der Basis scheidig verbreitert, später im Querschnitt trogförmig-dreikantig, zum Ende hin platt, bis zu 2 m lang.

Blüten: Scheindolde an Stengelspitze; die rosenroten bis rötlich-weißen Blüten (1) sind regelmäßig, zweigeschlechtlich, dreizählig; nach Bestäubung der Fruchtknoten in Balgkapseln (2).
Früchte: Balgkapseln, die leichte, schwimmfähige Samen enthalten; gut keimend, auch wenn längere Zeit außerhalb ihres wasserreichen Biotops befindlich; vegetative Vermehrung durch Wurzelknospen überwiegt aber.
Blütezeit: Juni bis August.
Verbreitung: an Wasser und Ufersümpfe gebunden, in wärmeren Tiefebenen und Hügellandschaften; in Tümpeln, Teichen, Seen, stillen Flußbuchten, im Uferröhricht; schlammiger Grund wichtig; Europa mit Ausnahme der nördl. Gebiete Schottlands und Skandinaviens und der Hochgebirge; bis tief nach Mittelasien.

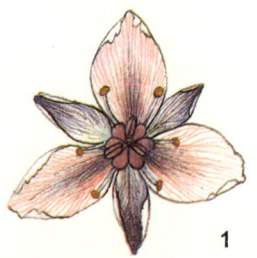

1

2

Wasserfenchel
Oenanthe aquatica (L.) POIR.

Doldengewächse
Umbelliferae

Die Wasserfenchel sind stattliche Pflanzen, die einzeln, in größeren Gruppen oder sogar in zusammenhängenden Beständen wachsen. Sie sind normalerweise perennierende Kräuter, deren Sämlinge schon im Frühherbst erscheinen und meist auf dem Grund abgelassener Fischteiche auffällige Blattrosetten hervorbringen. Nach der Wiederauffüllung des Teiches können sie in submerser Gestalt weiterwachsen und halten so manchmal die ganze folgende Vegetationszeit aus. Meist bilden sie aber im folgenden Jahr mächtige hohle Stengel. Auch auf langfristig abgelassenen Teichgründen kann der Wasserfenchel wachsen, doch kommen hier nur zierlichere, schwächere Formen vor.

Wurzel/Sproß: ein- oder zweijährig; dicker, schwammiger Wurzelstock mit büscheligen, dünnen Wurzelfasern; ausladend ästiger Stengel, gerieft, hohl, an der Basis abrupt endend, 30 bis 120 cm (auch 200 cm) hoch; an den Knoten unter Wasser leicht Wurzeln schlagend (1).
Blätter: zwei- bis dreifach unpaarig gefiederte tieferliegende (unter Wasser) (2) unterscheiden sich in der Segmentgröße von den oberen Partien.
Blüten: zweigeschlechtlich (3), nur schwach 5—15-strahlig, in üppigen Dolden; Kronblätter weiß, breit, verkehrt herzförmig.
Früchte: — hängende Doppelschließfrüchte (4) mit im

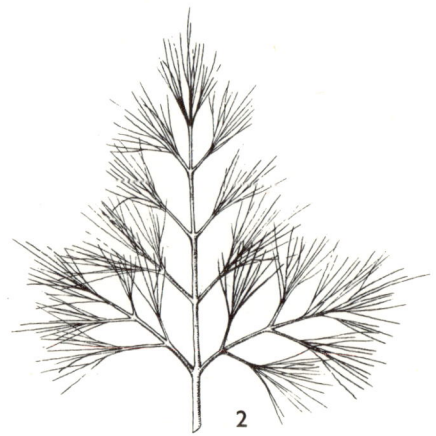

2

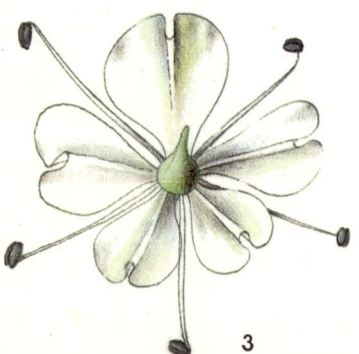

3

Querschnitt typischer Gewebestruktur (5).
Blütezeit: Juni bis August.
Verbreitung: an Ufern von Teichen, Weihern, in Röhrichtgesellschaften, Sümpfen; eurasisch mit Verbreitungsschwerpunkt in Europa (außer arktischem Norden); nach Nordamerika eingeschleppt.
Heilkunde: früher wurden Früchte (Samen) bei der Veterinär-Volksheilkunst zu Wundspülungen und Umschlägen benutzt.

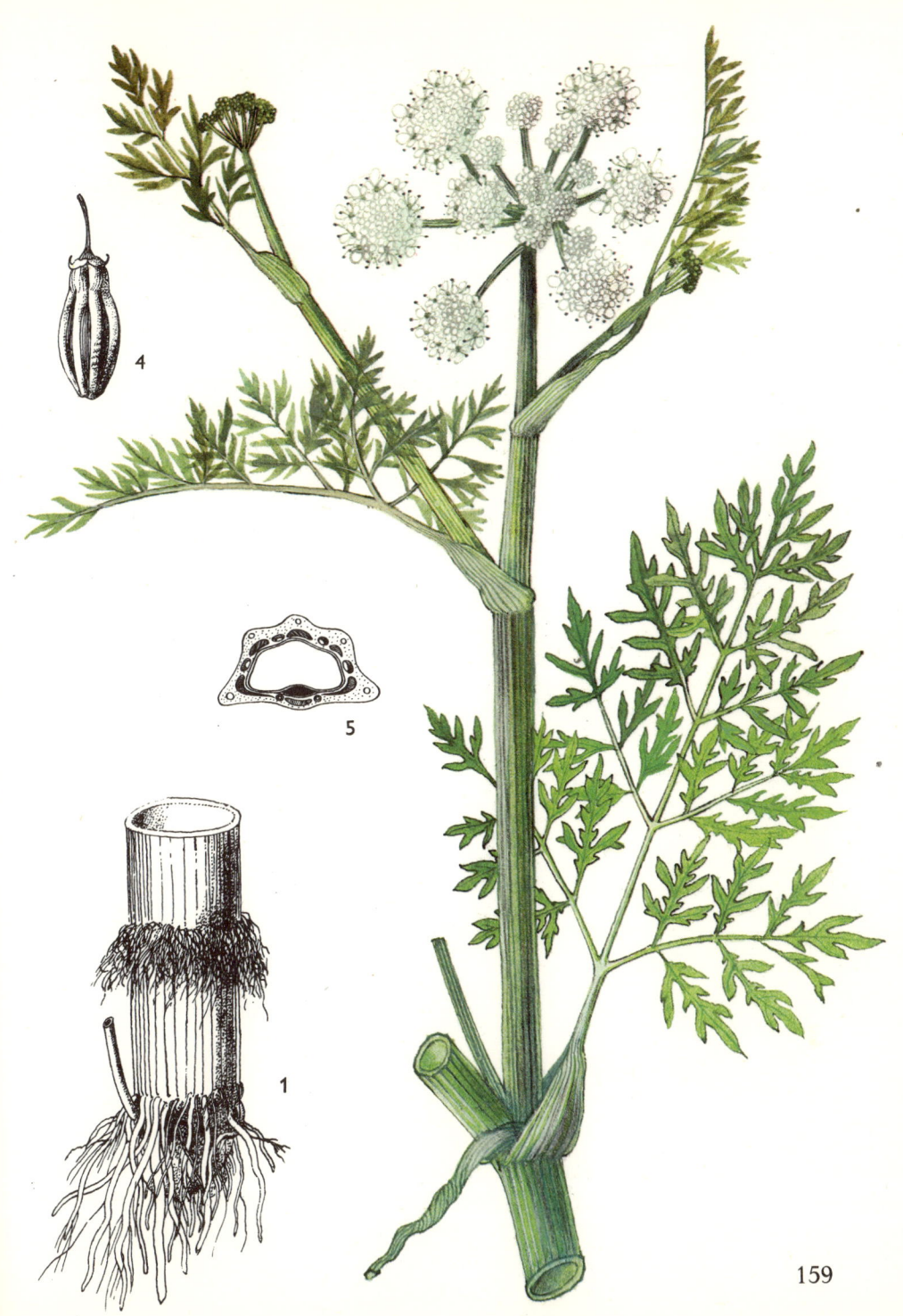

Froschlöffel
Alisma plantago-aquatica L.

Froschlöffelgewächse
Alismataceae

Das Leben der Pflanzenfamilie *Alismataceae* ist mit dem Wasser verbunden. Sie wächst auf allen Kontinenten mit Ausnahme der Antarktis. Im Hinblick auf die manchmal beträchtliche Größe der Pflanze (sie kann über 1 m hoch werden), hat sie eine relativ kurze Vegetationszeit. Zwei Monate nach dem Austreiben verblüht sie bereits und bringt Samen. Sie vermehrt sich aber auch vegetativ durch seitliche Knospentriebe. Ihre gute Vermehrungsfähigkeit läßt sie zu einem Pionier im Sumpf- und Ufergelände werden. Der Froschlöffel erscheint in neu angelegten bzw. erneuerten stehenden Gewässern. Zusammen mit Rohrkolben wächst er sogar in Pfützen auf wenig befahrenen Wiesen.

Wurzel/Sproß: mächtiger, knollig verdickter, fester Wurzelstock; Höhe 10—100 cm; mehrjährig.
Blätter: starkes Büschel langgestielter Blätter aus Wurzelstock hervortreibend; Tauch- oder Schwimmblätter linealisch riesenförmig; an der Luft löffelförmig; Übergangsformen häufig.
Blüten: mächtiger, rispenförmiger Blütenstand; einzelne Seitenzweige meist zu 3 und mehr in Quirlen wachsend; weiß oder rötlich, dreizählig, zweigeschlechtlich (1).
Früchte: Schließfrüchte (nur an untergetauchten Pflanzen).
Blütezeit: Juni bis September.
Verbreitung: Ufersümpfe; seichte, ruhige Gewässer; in größeren Tiefen als submerse (untergetauchte) Form; mit Ausnahme der rauhesten Arktis auf allen Kontinenten der nördl. Halbkugel; aus dem Gebiet der Arktis fossil aus dem Tertiär bekannt.
Heilkunde: in alten Rezepturen und Herbarien erwähnt; Anwendung: Umschläge gegen Kopfschmerzen, innerlich gegen Tollwut.

1

Sumpf-Helmkraut
Scutellaria galericulata L.

Lippenblütengewächse
Labiatae

Die Helmkräuter sind eine isolierte Gruppe in der Lippenblüten-Familie. Etwa 180—200 Arten der Gattung *Scutellaria* wachsen in den gemäßigten und tropischen Zonen überall auf der Erde. Die Pflanze ist sehr variabel, sie bringt kleine, oft ökologisch bedingte Formen hervor: An schattigen Lokalitäten entstehen oft Pflanzen von beträchtlicher Höhe (bis 75 cm) mit langen Blättern. Wie bei den meisten Pflanzen, die unmittelbar am Wasser wachsen, gibt es auch beim Helmkraut sog. submerse, untergetauchte und vom strömenden Wasser geformte Ökoformen. Es verdankt seinen Gattungsnamen einem besonderen Auswuchs (Schildchen) an der Kelchlippe. Dieses Schildchen heißt Scutellum.

Wurzel/Sproß: mehrjährig; ausläuferbildend; 20—40 cm hoch; vierkantiger Stengel, kahl oder behaart, selten verzweigt.
Blätter: kurzstielig, kreuzweise gegenständig, lanzettlich bis oval, leicht gezähnt.

Blüten: (1) meist zu zweit (von 1—4) vorwiegend in einseitigen Scheinquirlen aus den Blattachseln wachsend: blau bis blauviolett; Kronröhre normalerweise sehr lang und gekrümmt; Bestäubung nur durch Insekten mit langem Rüssel (Hummeln, Schmetterlinge).
Blütezeit: Juni bis September.
Verbreitung: feuchte Wiesen, Gräben, Ufer von Teichen, Bächen und Flüssen, in Randsümpfen und gelegentlich auf abgelassenen Gewässergründen; oft in feuchten Erlenwäldchen und entlang der Flüsse, auch in Städte vordringend; aus der Tiefebene (Hauptvorkommen) entlang der Wasserläufe (verschleppt durch ziehende Wasservögel) bis in die Berge (Alpen bis über 1000 m) vordringend: zirkumpolar auf

Nordhalbkugel; in Skandinavien bis 69°
n. Br., im Süden bis Nordbalkan und
Norditalien.
Heilkunde: früher in Volksheilkunst als
Mittel gegen Malaria verordnet.

Wasserminze
Mentha aquatica L.

Neben dem Kalmus ist die Minze eine der am intensivsten duftenden Wasserpflanze. Die Minzen sind einander außerordentlich ähnlich und kreuzen sich leicht untereinander. Auch diese Kreuzungen sind fruchtbar und bringen weitere Hybriden hervor. Die Wissenschaftler geben unterschiedliche Artenzahlen für die Minze an. Die einen sagen, daß auf der ganzen Welt kaum 15 Arten vorkommen, andere haben über 600 gezählt.

Wurzel/Sproß: mehrjährig; zahlreiche unterirdiche Ausläufer; Stengel aufsteigend, wenig verzweigt, 25—100 cm hoch; weich behaart.
Blätter: gegenständig, eirund bis lanzettlich, gesägt, gestielt, stark aromatisch duftend.
Blüten: halbkugelige Scheinquirle aus den Achseln der obersten Blätter und darüber in Terminalständen wachsend; Krone meist lebhaft violett, rosa oder weiß, mit kurzer Röhre und vierzipfligem Saum; 4 gleich lange Staubgefäße und Narbe ragen aus der Blüte hervor (1).
Blütezeit: Juni bis Oktober.
Verbreitung: in Gräben, auf sumpfigen Ufern und Wiesen, im Weidengebüsch und im Röhricht um fließende und stehende Gewässer; fast ganz Europa, Nordwestasien und Südafrika; verwildert auf den anderen Kontinenten.

Heilkunde: Gewebe enthält vorwiegend ätherische Öle (Menthol, Menthylester, Menton usw.); Minzen sind alte Heilpflanzen: Am häufigsten wird in Rezepturen die Droge (Blätter oder Kraut) der Pfefferminze *(M. × piperita)* erwähnt, die wahrscheinlich durch Kreuzung von Wasser- und Roßminze *(M. spicata)* entstanden ist.

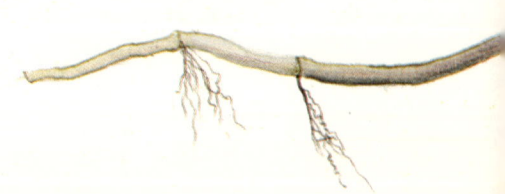

1

Teichbinse
Scirpus lacustris L.

Wenn die Teichbinse im Uferröhricht in den Beständen von Rohrkolben und Schilf wächst, entgeht sie für gewöhnlich der Aufmerksamkeit. Im Unterschied zu diesen Pflanzen ist sie aber sehr tolerant gegenüber verschiedenen Wassertiefen, daher kann man sie in den tieferen Wasserzonen stehender Gewässer als einzige hochhalmige Schilfpflanze (emerse) über die Wasseroberfläche hinausragen sehen. Die blattlosen Binsenstengel sind nicht selten rund 3 m lang, und ihre Büschel sind fest im Grund verankert, gleich, ob es sich um Sand, Schlamm oder Stein handelt. Die dunkelgrünen Stengel ragen starr wie Drähte über den Wasserspiegel hinaus. Längere Austrocknung verträgt die Teichbinse nur schlecht, sie verkümmert, doch erholt sie sich bei erneuter Überschwemmung wieder.

Wurzel/Sproß: mehrjährig, 0,8 – 3 m hoch; kräftiger, gegliederter, kriechender Wurzelstock; mächtige rundliche Stengel (blattlos), Unterteil von violett-brauner Scheide eingefaßt; aus Wurzelsystem immer mehr Stengel hervortreibend; dadurch Entstehung der charakteristischen büschelwüchsigen Kolonien (1); in fließendem Wasser

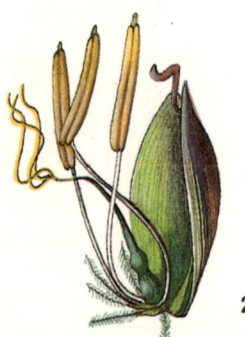

2

Stengel mit ggf. ausgebildeten schmalen Blättern gebogen und mehrere Meter lang im Strom treibend.
Blätter: nur am Stengelgrund flutend, linealisch.
Blüten: endständige ästige Spirre mit trogförmigem spitzem Stützblatt, Blütenstand etwas überragend; Blüten zweigeschlechtlich mit borstigen Hüllblättern, Blütenhaaren, 3 Staubgefäßen und 3 Narben (2).
Blütezeit: ab Juni, stellenweise bis Oktober.
Verbreitung: Teiche, Seen; an Ufern von Bächen, Kanälen und Flüssen; fast ganz Europa; auch auf anderen Kontinenten mit Ausnahme der arktischen Gebiete.
Verwandte: *S. americanus* in Nordamerika zusammenhängende Bestände, in Europa nur vereinzelt; Stengel unterhalb des Blütenstandes dreikantig; Blätter haben bis zu 20 cm lange Spreite; Ährchen ansitzend.

Breitblättriger Rohrkolben
Typha latifolia L.

Rohrkolbengewächse
Typhaceae

Rohrkolben wachsen überall da, wo wenigstens eine Zeitlang Wasser steht, manchmal sogar in Pfützen am Straßenrand. Sie gehören zu den großen Biomassenproduzenten der Erde. In der Regel wachsen sie in großen reinen Beständen. Sie vermehren sich intensiv vegetativ durch unterirdische Triebe, so daß sie rasch seichte Stellen in Gewässern einnehmen können. In frischem Zustand bieten die Rohrkolben ein minderwertiges Zusatzfutter für das Vieh; ihre Wurzelstöcke wurden früher an die Schweine verfüttert. In unserem Jahrhundert entstand den Pflanzen ein natürlicher Feind mit den Bisamratten, die in der Lage sind, auch in kurzer Zeit ganze ausgedehnte Bestände abzunagen.

Die Rohrkolbenblätter liefern Material für ein traditionelles folkloristisches Handwerk: Vor der Blüte gemähte Rohrkolben werden getrocknet und aus den Blättern allerlei kleine Erzeugnisse geflochten: Matten, Hüte, Taschen usw. Für dieses Handwerk ist die Tschechoslowakei berühmt, hier hat sich diese Tradition bis in die heutige Zeit erhalten.

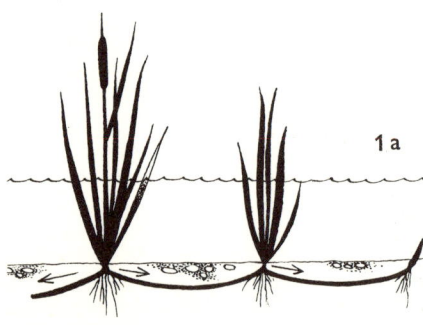

1 a

Wurzel/Sproß: mehrjährig, bis 3 m hoch; kräftige, weiche Wurzelstöcke (reich an Stärke; eßbar) wuchern im Schlamm (1a, 1b) allseits Ausläufer bildend; Verdreifachung eines Standes in einer Vegetationsperiode daher möglich.
Blätter: schmal, lineal, zweizeilig, straff, aufrecht, blaugrün, beidseitig flach, bis 2 m lang, mit langen Scheiden.

Blüten: aus 2 Kolben bestehende Blütenstände; unterer Kolben weiblich, oberer männlich, beide unmittelbar aneinander anschließend (2); männl. Blütenstände fallen nach Verblühen auseinander und verschwinden; Blüten beträchtlich reduziert (eingeschlechtlich ohne Blütenhülle), nur 3 Staubgefäße oder ein Stempel.
Früchte: Schließfrüchte mit langen Haaren.
Blütezeit: Juni bis August.
Verbreitung: an den Ufern stehender und langsam fließender Gewässer (Teiche, Seen, Flüsse), in Sümpfen und Wiesenmooren; zirkumpolar auf der nördlichen Halbkugel.
Verwandte: Schmalblättriger Rohrkolben *(T. angustifolia)* (3) mit schmaleren Blättern und schlankeren Kolben; im tieferen Wasser der Teiche; ebenfalls zirkumpolar mit Verbreitungsschwerpunkt im Osten Nordamerikas, Europa und Nordwestasiens.

1b

2

3

Großer Ampfer
Rumex hydrolapathum HUDS.

Knöterichgewächse
Polygonaceae

Der Ampfer hieß wohl schon bei den alten Römern „Rumex", diesen Namen hat er in der wissenschaftlichen Nomenklatur bis heute behalten. Die Ampfer wachsen unter allen möglichen ökologischen Bedingungen, am häufigsten jedoch an feuchten Stellen. Diese Art ist eine der größten und auffälligsten.

Lebende Organismen haben normalerweise in den Kernen der (somatischen) Körperzellen doppelt so viele Chromosomen wie in den Zellkernen der männlichen und weiblichen Geschlechtszellen. (Diese doppelte Anzahl wird als diploid bezeichnet und mit der Formel 2 n ausgedrückt). Bei vielen der sog. Großgattungen der gemäßigten Zone wurden aber in der ersten Hälfte unseres Jahrhunderts sog. polyploide Reihen oder Serien entdeckt: Die somatischen Chromosomenzahlen bei den einzelnen Arten solcher Gattungen machen ein Mehrfaches der diploiden Zahl aus. Ein anschauliches Beispiel stellt die Gattung *Rumex* dar: Der diploide Blutampfer (*R. sanguineus* L.) hat 2 n = 20, der Stumpfblättrige Ampfer *(R. obtusifolius)* ist tetraploid und hat folglich 40 Chromosomen, in den Zellkernen des Großen Ampfers *(R. hydrolapathum)* wurden sogar 200 gezählt! Selbstverständlich stehen diese Differenzen im Zusammenhang mit den Unterschieden im äußeren Habitus und in der Form der einzelnen Organe solcher Pflanzen.

2

Wurzel/Sproß: mächtiger, mehrköpfiger Wurzelstock; Stengel bis über 2 m hoch (auch *Rumex maximus* bezeichnet).
Blätter: Blattfläche oft bis 20 × 50 cm; unten flach lanzettlich und zugespitzt, wellig rundgekerbt; kräftige Mittelader (1); Blattbasen lang herablaufend.
Blüten: dicht gedrängte, pyramidenförmige Blütenstände; charakteristischer Bau der Einzelblüten (2) bei *Rumex acetosa* (s. S. 72) beschrieben; innere Blütenhüllblätter dreikantig.
Blütezeit: Juli/August.
Verbreitung: Bach-, Fluß- und Teichufer, Sümpfe, seichte Gräben; West-, Mittel- und Osteuropa; in Nord- und Südeuropa nur an vereinzelten Lokalitäten.

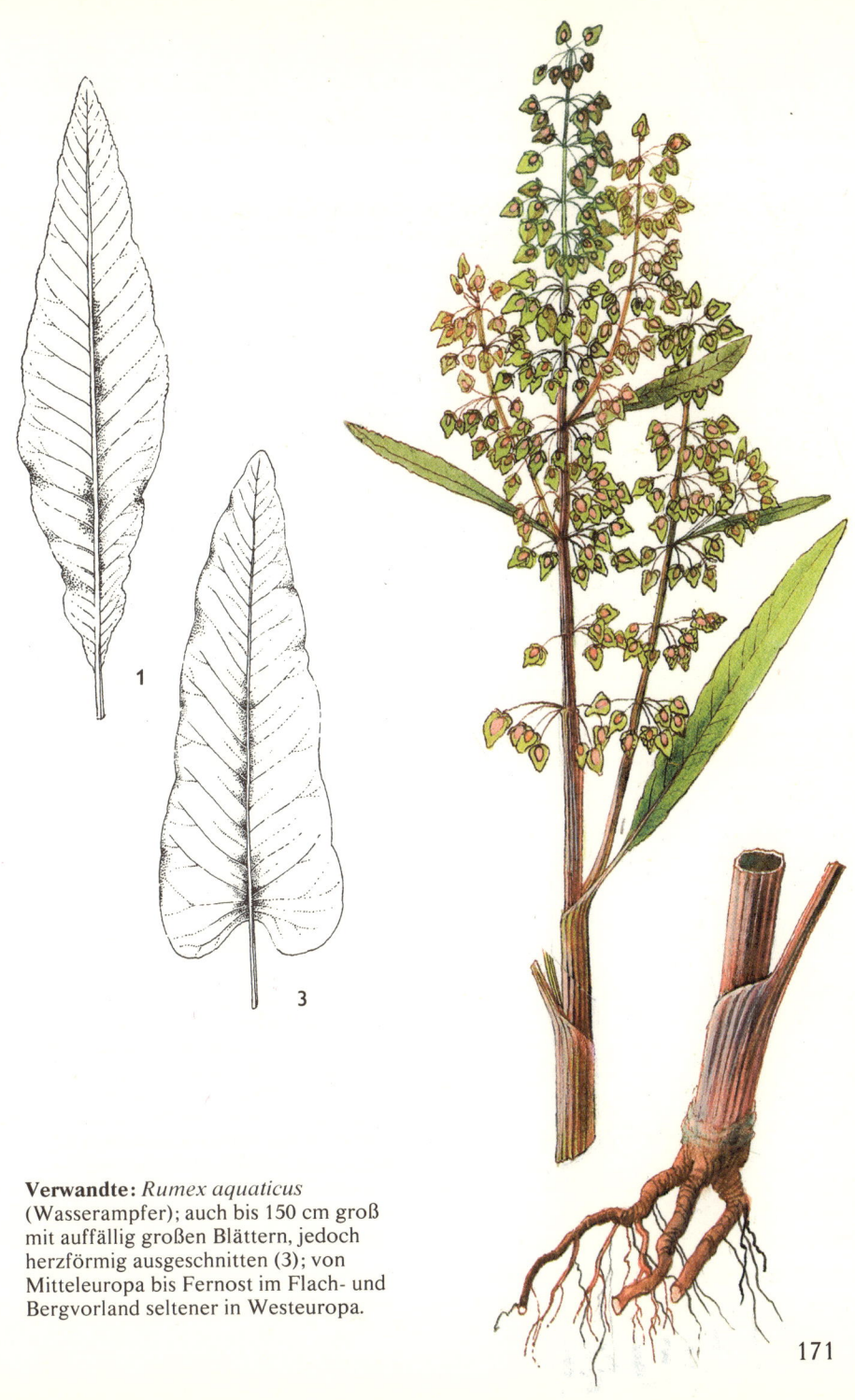

1

3

Verwandte: *Rumex aquaticus* (Wasserampfer); auch bis 150 cm groß mit auffällig großen Blättern, jedoch herzförmig ausgeschnitten (3); von Mitteleuropa bis Fernost im Flach- und Bergvorland seltener in Westeuropa.

Gewöhnliche Sumpfbinse
Eleocharis palustris (L.) ROEM. et SCHULT.

Riedgrasgewächse
Cyperaceae

Die Sumpfbinsen gehören zu den gefälligsten Sumpfpflanzen. Ihre Bestände sehen wie Regimenter von Zwergsoldaten aus, die mit erhobenen Lanzen in Reih und Glied stehen. Vor allem auf dem abgelassen Grund entleerter Fischteiche sehen die Sumpfbinsenkolonien im trockenen, polygonal aufgesprungenen Schlamm wie Märchenwesen aus. Die Gattung *Eleocharis* wurde erst 1810 erstellt; bereits vorher waren aber schon verschiedene Arten, unter ihnen auch die Gewöhnliche Sumpfbinse, von Linné beschrieben und der Gattung *Scirpus* zugeordnet worden. Spätere Forscher haben dann die ziemlich variable Art *E. palustris* in weitere kleine Arten aufgeteilt.

Die hier ausgewählten drei Sumpfbinsen zeigen die verschiedenen Biotope, in denen diese Pflanzen leben; ihr gemeinsamer Nenner ist aber immer die Nähe des Wassers.

Wurzel/Sproß: kriechender, weit auslaufender Wurzelstock, schüttere Bestände bildend (1); mehrjährig; stielrunde, aufrechte, blattlose Stengel (10—30 cm) unten in Scheiden.

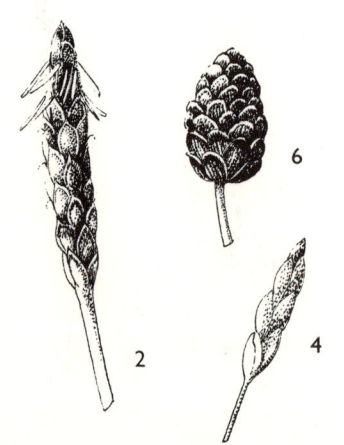

Blüten: endständige Blütenährchen, bestehend aus vielen zweigeschlechtlichen Blüten (2).
Blütezeit: Mai bis August.
Verbreitung: zirkumpolar auf nördlicher Halbkugel, annähernd Kosmopolit; Teich- und Flußufer, Sümpfe, nasse Wiesen.
Verwandte: Wenigblütige Sumpfsimse — *E. quinqueflora* mehrjährig, leicht horstig, schlanke Krautpflanze (3), mit zierlichen Stengeln die in braunroten, armblütigen Ährchen enden, nur einige wenige Einzelblüten (4); selten, auf sandigen Ufern und Moor- bzw. Bruchwiesen; nur in Nordwesteuropa.
Eiförmige Sumpfbinse — *E. ovata* (5); einjähriges, dichte Horste bildendes Kraut mit bündelförmiger Wurzel und stumpfen, breit eiförmigen Ährchen (6); untere Blattscheiden purpurrot; auch Kosmopolit; Pflanzenpionier auf trockengelegten Gewässergründen; auch „Teichriet" genannt.

Gift-Wasserschierling
Cicuta virosa L.

Doldengewächse
Umbelliferae

Wie schon der Name sagt, ist der Gift-Wasserschierling eine der giftigsten Pflanzen, die man an den Ufern findet. Die Pflanze enthält vor allem in den knollig erweiterten Stengelbasen das Alkaloid Cicutoxin, das zur Gruppe der Krampfgifte gehört. Es wird sehr schnell vom Organismus aufgenommen, so daß die ersten Vergiftungssymptome bereits einige Minuten nach Verzehr auftreten (Verwechslung von Wasserschierlingsknollen mit Sellerie). Die Vergiftung macht sich durch jähe Bauchschmerzen bemerkbar, Erbrechen mit anschließenden Krämpfen mit Schaum vor dem Mund, Zähneknirschen, Erblassen der Haut und Lähmung der Nervenzentren. Die Behandlung ist sehr schwierig, da bisher keine wirksamen Gegengifte bekannt sind. Ähnliche Vergiftungen werden auch bei Tieren (Rinder, Pferde) und sogar bei Fischen beobachtet, wenn es zum Auslaugen des Krautes im Wasser kam.

Wurzel/Sproß: dicker, durch Querwände gekammerter Wurzelstock (Knolle — 1); Stengel (50—120 cm), hohl, verzweigt sich manchmal quirlartig.
Blätter: groß, zwei- bis dreifach unpaarig gefiedert mit stichelartigen Teilblättchen, scharf gezähnt; graugrün bereift.
Blüten: weiß (2); in langstieligen, üppigen Dolden wachsend; 15—25 strahlig.
Früchte: kugelige, seitlich abgeplattete Doppelachäne, lang gestielt, mit deutlichen Kelchresten (3).
Blütezeit: Juli bis September.

2

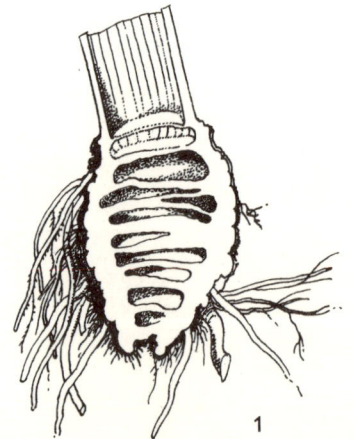

1

3

Verbreitung: verstreut an Rändern stehender und langsam fließender Gewässer, auch auf dem Grund abgelassener Fischteiche; abhängig von saurem Boden mit wenig Kalk; am mächtigsten auf sauren, eisenhaltigen Böden; natürliche Heimat: Gewässer und Sümpfe Mittel- und Nordeuropas, Nord- und Mittelasien bis Kaschmir und Japan.

175

Schilfrohr
Phragmites australis (CAV.) TRIN. ex STEUD.

Süßgräser
Poaceae

Das Schilfrohr ist nach dem Zuckerrohr, den Getreidearten und dem Mais das wichtigste Gras auf der Welt. Es wurde schon von frühen Zivilisationen genutzt und dient dem Menschen bis heute als Zellulose- und Baumateriallieferant. Es wird in modernen Fabriken gleich am Delta großer Flüsse verarbeitet. Ein besonders gutes Beispiel hierfür ist das Donaudelta.

Das Schilf ist ein Beispiel für eine große, ökologisch bedingte Variabilität; im Laufe einer Vegetationszeit kann sich das Aussehen einer einzigen Pflanze ändern. Ein erfolgreiches Wachsen außerhalb der gewohnten wasserreichen Umgebung ist durch das reiche Wurzelsystem möglich.

Bereits in der alten Fachliteratur wird angeführt, daß die Schilfrohrbestände am Bodensee auf Kosten der Wasserfläche bis zu 3 m im Jahr vorrückten. Bekannt sind auch die sog. „schwimmenden Inseln" — auf dem freien Wasser treibende, dicht verflochtene schollenartige Gebilde, bestehend aus absterbenden Halmen und Wurzelgewirr von Schilf, in denen auch Humus haften bleibt, so daß hier auch andere höhere Pflanzen wachsen können.

Das Schilfgewebe ist reich mit Kieselsäure durchsetzt, dadurch wird die Nutzungsmöglichkei älterer Pflanzen als Futter herabgesetzt, andererseits kommt das der Verwendung als Baumaterial zustatten.

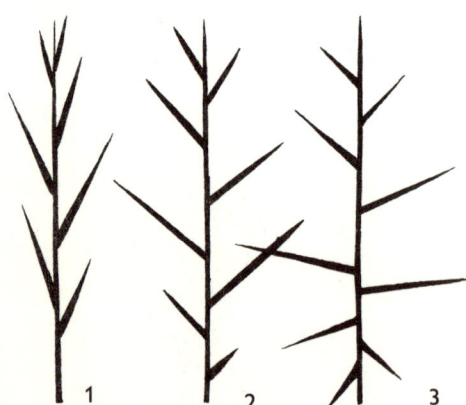

Wurzel/Sproß: lange, mächtige Wurzelstöcke mit zahlreichen Ausläufern: 2—5, aber auch bis 10 m hoch; Wurzelstöcke oft bis zum

Grundwasserspiegel im Boden vordringend (bis 5 m lang); mehrjährig.
Blätter: graugrün; in zwei Reihen an den Halmen wachsend mit jahreszeitlich charakteristischer Stellung: anfangs im spitzen Winkel (1), im Juli/August fast waagerecht vom Stengel abstehend (2, 3); da Bestände oft dem Wind ausgesetzt, kräftige Faserung mit Blättern und verblühten Rispen, die in eine bestimmte Richtung weisen.
Blüten: lockere, bis 40 cm große Rispen; bräunlich-violett; 3—8-blütig, das untere Ährchen stets männlich, die übrigen zwiegeschlechtlich.
Blütezeit: Juli bis September.
Verbreitung: Moorwiesen, Auenwälder, Uferröhricht, an Teichen, Seen, Bächen; Europa und übrige Welt (fast ein Kosmopolit).

177

Ufer-Wolfstrapp
Lycopus europaeus L.

Lippenblütengewächse
Labiatae

Von den 11 Arten der nicht großen Gattung *Lycopus* sind 5 eurasisch, die gleiche Anzahl wächst auf dem nordamerikanischen Kontinent, eine in Australien. Sie ist eine sehr veränderliche Krautpflanze; deutlich unterscheiden sich Exemplare von trockeneren und feuchteren (überschwemmten) Standorten voneinander.

Der Ufer-Wolfstrapp ist auch neben seiner Bedeutung als Heilpflanze (s.u.) eine nützliche Pflanze: Der aus ihrem Gewebe gepreßte frische Saft ergibt mit Eisenvitriol gemischt einen hervorragenden schwarzen Farbstoff.

Wurzel/Sproß: mehrjährig; aufrechter, Ausläufer bildender, 20 – 100 cm hoher, im Querschnitt vierkantiger, hohler und normalerweise kurz beflaumter Stengel. **Blätter:** Niederblätter tief gezähnt mit fast linealischen Segmenten (1), obere

Stengelblätter schwach gezähnt, nur an Basis tiefer geteilt (2).
Blüten: weiß, (ähnlich wie die Minzenblüten) fast regelmäßig, vierzipfelig (obwohl Lippenblütler); zu 10 bis 20-quirlig in den Achseln der gegenständigen Blätter ansitzend (3).
Blütezeit: Juli bis Anfang September.
Verbreitung: Ufergebüsch, feuchte Erlenwäldchen, an fließenden und stehenden Gewässern; Europa.
Heilkunde: das während der Blütezeit geschnittene Kraut des Ufer-Wolfstrapps liefert eine wertvolle Droge mit kardiotonischer (die Herztätigkeit beeinflussender) Wirkung; sie dämpft Herzklopfen, beeinflußt den Schlaf und die Funktion der Drüsen mit innerer Sekretion. Obwohl sie bei längerer Anwendung nicht schädlich wirkt, sollte stets der Arzt zu Rate gezogen werden. Wolfstrappkraut wurde auch bei Basedowscher Krankheit, im Mittelalter sogar bei Fieber und Blutungen angewendet. Das in der Droge enthaltene Glykosid Lykopin wurde noch vor nicht langer Zeit gegen Malaria verordnet.

Dreiteiliger Zweizahn
Bidens tripartita L.

Die Zweizähne sind einjährige, manchmal büschelbildende Kräuter von großer Fruchtbarkeit. Der Name setzt sich aus den lateinischen Worten bis = zwei und dens = Zahn zusammen, er rührt wohl von den auffälligen hakigen Grannen (in Wirklichkeit ein umgebildeter Flaum) an den Früchten her. Die einzelnen Arten kann man an den charakteristisch geformten Früchten sogar unterscheiden: Die Früchte des Dreiteiligen Zweizahns sind gedrungener mit 2—3 Grannen, die des nordamerikanischen *B. frondosa* länglicher und haben keine zurückgebogenen Borsten (Häkchen) an den Kanten.

Wurzel/Sproß: braunroter Stengel (15—100 cm hoch) mit abstehenden Ästen; einjährig.
Blätter: dunkelgrün; unpaarig gefiedert (2—5-teilig), gegenständig (3); Hochblätter manchmal ungeteilt (4).
Blüten: gelb, strahlig, in Ständen (5); in der Regel steril; im Körbchen zweigeschlechtlich.
Blütezeit: Spätsommer, von August bis Oktober.
Früchte: große Menge Schließfrüchte, mit Häkchen (1) versehen; bleiben in Tierfell, Gefieder und Kleidung haften; schwimmen bis zu einem Monat auf Wasseroberfläche; erst nach acht Monaten sinken ca. 80 % auf den Grund; können so mit Strömung beachtliche Strecken zurücklegen.
Verbreitung: Eurasien; verträgt rauhes Klima am 65. Breitengrad und kommt auch (allerdings seltener) am Mittelmeer vor; eine Rasse (Varietät) in Südostasien; nach Australien und Nordamerika eingeschleppt; Angaben aus Afrika selten; an Teichen und Seen der Tiefebene, entlang der Gewässer aber auch in den Bergen (Alpen bis 1700 m); infolge großer Anpassungsfähigkeit auch an ungewöhnlichen Stellen (z. B. Entwässerungsgräben, an Eisenbahnstrecken).

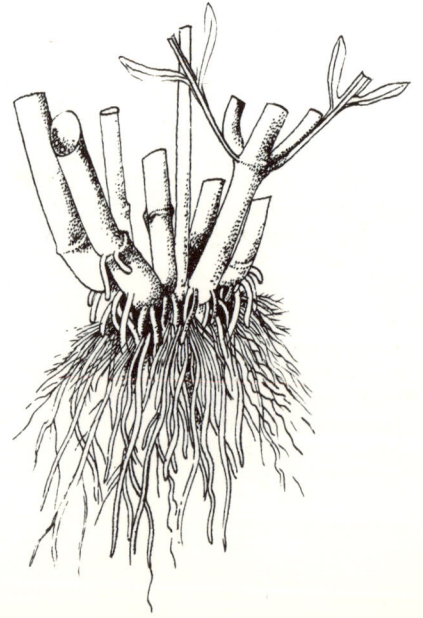

5

Verwandte: *Bidens frondosa* in
Nordamerika heimisch; (Früchte — 2);
nach Europa wurde sie Ende des 18.
Jahrhunderts eingeführt und als exotische
Pflanze gezüchtet. Im Laufe der
folgenden zwei Jahrhunderte hat sie sich
so stark verbreitet, daß sie heute auch in
Europa eine sehr häufige Art ist.

Teichwasserstern
Callitriche stagnalis SCOP.

Wassersterngewächse
Callitrichaceae

Die systematische Einordnung der Wassersterne und die Suche nach Verwandtschaftsbindungen zu anderen Pflanzen ist sehr schwierig; die Ordnung Wassersternartige *(Callitrichales)* besteht aus einer einzigen Familie *(Callitrichaceae)* mit einer einzigen Gattung *(Callitriche)*. Die Blüten der Wassersterne sind eingeschlechtlich, die männlichen sind zu einem einzigen Staubgefäß reduziert. Es handelt sich um beträchtlich variable, sehr zierliche und spröde Pflänzchen, die sowohl untergetaucht oder schwimmende als auch terrestrische Formen hervorbringen, die kurzfristig auf nassem Schlamm leben.

Wurzel/Sproß: im Wasser mehrjährig, auf dem Lande (terrestrisch) einjährig; an den Knoten wurzelnde Stengel (5 bis 40 cm lang).

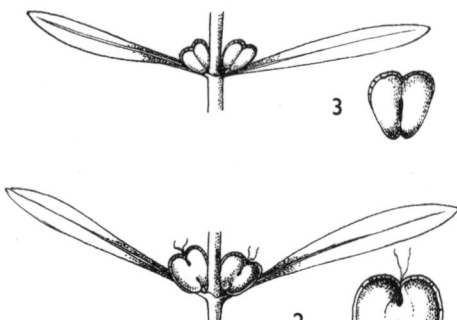

Blätter: linealisch, meist an den Stengelspitzen zu sternförmigen Rosetten geordnet (1); Unterwasser- und Schwimmblätter.
Blüten: zierlich, eingeschlechtlich, weitgehend reduziert; männl. mit nur einem Staubgefäß, weibl. mit einem Fruchtknoten, 2 Griffel und 4 Eizellen; hieraus werden nach Bestäubung viersamige Früchte: Blütenblätter zu 2 kleinen Schuppen zurückgebildet.
Früchte: (2) mit ringsum deutlichen Flügeln, Griffel, soweit erhalten bleibend, schlaff.
Blütezeit: April bis Oktober.
Verbreitung: in schwach fließenden oder stehenden Gewässern, in seichten Wasserbehältern; auch auf nassem schlammigem Erdreich (seltener); vorwiegend West- und Mitteleuropa.

182

Verwandte: Sumpf-Wasserstern
(C. palustris) als arktisch-alpines
Florenelement; auch außerhalb
Mitteleuropas in Skandinavien und
Island; aus England nur eine einzige
Lokalität bekannt; sehr widerstandsfähig
gegen Kälte, manchmal sogar unter dem
Eis grünend; Früchte haben nur schwach
entwickelte Flügel in der Oberpartie,
Griffel fallen bald ab (3).

1

Wasserfeder
Hottonia palustris L.

Primelgewächse
Primulaceae

Die Wasserfedern sind wohl die einzigen Vertreter der Primelfamilie, deren Blätter in fadenförmige Segmente geteilt sind. Diese entwicklungsmäßige Ausnahmeerscheinung entstand durch das Wasser, in dem die Pflanzen leben. Beispiele für derartig angepaßte Blattspreiten sind in diesem Buch auch bei anderen submersen Pflanzen angeführt. Bei sinkendem Wasserspiegel kann sie auch terrestrische Formen hervorbringen. Diese Pflanzen haben einen wesentlich kürzeren Stengel und die gefiederten Blätter sind zu einer Grundrosette zusammengedrängt. Bei Ansicht von oben sehen sie sehr dekorativ aus. Häufig vermehren sich die Wasserfedern vegetativ durch „Knospen", die im Schlamm überwintern; manchmal löst sich vor der Blüte die ganze Pflanze vom Grund los, um auf der Oberfläche zu treiben und sich erst mit Sommerausgang wieder im Schlamm zu verankern. Ihren wissenschaftlichen Namen erhielten sie zu Ehren von E. Hotton, einem Botanikprofessor in Leiden.

1

Wurzel/Sproß: mehrjährig, 20—60 cm hoch, im tieferen Wasser auch bis zu 100 cm; Stengel ästig.
Blätter: wechselständig; manchmal scheinbar quirlig angeordnet; sehr feine Blattspreiten; in spitze, fadenartige Segmente zerteilt; in Blattachseln gelegentlich weiße Fadenwürzelchen.
Blüten: in quirligen Trauben an 10—30 cm hohen Stengeln; wie bei anderen Primelgewächsen beobachtet man Dimorphismus (Heterostylie); nach Befruchtung zieht sich der Blütenstengel mit den reifenden Früchten (1) unter die Wasseroberfläche zurück.
Blütezeit: Mai bis Juni.

Verbreitung: vereinzelt an Weihern, seichten Teichrändern, in toten Flußarmen; oft im Unterwuchs periodisch überschwemmter Erlenwäldchen; gemäßigte Zone Europas von England und Südschweden bis zum Ural.
Verwandte: *H. inflata* mit auffällig plattem Stengel aus dem Osten der USA stammend, häufig von Aquarienfreunden gezüchtet.

Kanadische Wasserpest
Elodea canadensis MICHX.

Froschbißgewächse
Hydrocharitaceae

Die Art *Elodea canadensis* erhielt nicht nur im Deutschen, sondern auch in verschiedenen anderen europäischen Sprachen den Namen Wasserpest. Gegen Ende der dreißiger Jahre des vorigen Jahrhunderts wurden die ersten Pflanzen aus ihrer Urheimat Nordamerika nach Europa gebracht. Noch in der Mitte des vorigen Jahrhunderts wurden diese Pflanzen zwischen den europäischen botanischen Gärten ausgetauscht. 100 Jahre später hatte die Wasserpest alle stehenden Gewässer und jeden Teich durchwuchert. Obwohl nach Europa nur weibl. Pflanzen gebracht wurden, die allein keine Früchte und Samen hervorbringen können, hat sie sich sehr schnell verbreitet. Es genügt, einen schwimmenden Stengel in kleine Stückchen zu zerbrechen. Diese treiben schnell Wurzeln und bringen gleich darauf viele Meter lange Triebe in dichten, undurchdringlich verflochtenen Beständen hervor. Nicht nur den Fischern, auch der Schiffahrt bereiten sie Schwierigkeiten.

In frischem Zustand liefert die Wasserpest ein gutes Grünfutter, dessen Nährstoffgehalt sich sogar mit Klee messen kann (8,3 % Eiweiße, 42,5 % Zucker usw.). Gemeinsam mit der verwandten Dichtblättrigen Wasserpest *(Elodea densa)* wird sie auch in Aquarien gezüchtet.

Wurzel/Sproß: mehrjährig, submers; gegliederter, dicht ästiger, reich belaubter Stengel (30—40 cm); flutend oder kriechend; Vermehrung vegetativ.

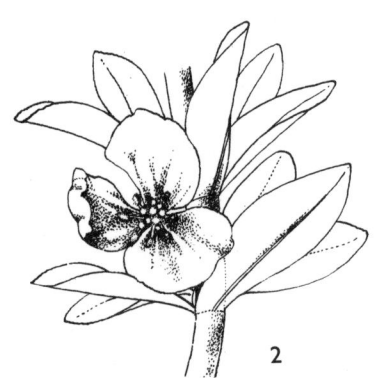

2

Blätter: in Quirlen, meist zu drei (1); ansitzend mit kaum merklich gesägtem Rand.

Blüten: blüht nur sehr kurz (ganze europäische „Population" wahrscheinlich ein Klon!) mit winzigen, vom Ufer aus kaum wahrnehmbaren weißlichen Blüten.

Früchte: keine, da in Europa nur weibliche Pflanzen.

Blütezeit: selten, von Mai bis August.

Verbreitung: in seichten und tieferen Gewässern; ganz Europa.

Verwandte: *E. densa,* aus dem trop. Südamerika stammend; von dort über Nordamerika auch in andere Kontinente verschleppt; in verschiedenen Flußkanälen in Deutschland beobachtet; diese Dichtblättrige Wasserpest hat auffällig große, strahlend weiße weibl. Blüten (2); Blattquirle in der Regel fünfzählig.

Tannenwedel
Hippuris vulgaris L.

Hippuris ist die einzige Gattung der Familie *Hippuridaceae*. Diese Pflanze hat nichts mit den Schachtelhalmen gemeinsam, auch wenn sie ihnen ähnlich sieht. Es hat den Anschein, daß es sich hier um eine sehr alte Entwicklungslinie handelt, deren Vertreter wahrscheinlich schon im Mesozoikum, also vor etwa 140 Millionen Jahren, wuchsen. Ihre fossilen Reste wurden auch in den Ablagerungen der Zwischeneiszeiten, also im Quartär gefunden. Verschiedene Arten der Gattung *Hippuris* wachsen heute auf der Nordhalbkugel und in Südamerika — z. B. unser Tannenwedel *(H. vulgaris)*.

Wurzel/Sproß: mehrjährig; langer, kriechender Wurzelstock mit aufrechtem bis 40 cm hohem Stengel; untergetauchte Stengel oder solche in schnell fließendem Gewässer bis zu 1 m lang, „gegliedert".

Blätter: in regelmäßigen Quirlen; untergetaucht schlaff, dünn, bandartig, hellgrün; Luftblätter kürzer, dicker, auf der Oberseite dunkelgrün.

Blüten: in den Achseln der Luftblätter; eingeschlechtlich (männl. oder weibl.) mit nur einem Staubgefäß bzw. einem Fruchtknoten; Blütenhülle (Kelch oder Krone) verkümmert, bzw. nicht ausgebildet; Stellung der Blüte und Form der Blattquirle am besten bei einem Querschnitt durch Stengel am Blattansatz (1) erkennbar.

Frucht: winzige, eintrocknende Steinfrucht.

Blütezeit: Mai bis August.

Verbreitung: in stehenden Gewässern: am Ufer fließender Gewässer im schlammigen Grund (zusammenhängende, exotisch aussehende Bestände bildend); in schnell fließenden Gewässern bildet er eine schwimmende, fahnenartige Form aus, die ständig untergetaucht bleibt; da niedrige Temperaturen gut vertragend, sowohl in antarktischen Gebieten

1

Südamerikas als auch in arktischen
Gebieten zu finden; typischer Bewohner
der vegetationsarmen Ufer arktischer
Nordlandseen zusammen mit einigen
wenigen anderen Arten z. B.
Sumpfblutauge *(Potentilla palustris)*.

Brachsenkraut
Isoëtes lacustris L.

Brachsenkrautgewächse
Isoëtaceae

Das Brachsenkraut stellt in der vorliegenden Auswahl zweifellos die größte Kuriosität dar, es gehört zu den merkwürdigsten Pflanzen überhaupt. Diese Kräuter sind eine isolierte Gruppe der Farnpflanzen *(Pteridophyta),* die ausschließlich an den Grund von Seen oder anderer stehender Gewässer gebunden sind. Zusammen mit der südamerikanischen Gattung *Stylites* sind sie die letzten lebenden einer sonst ausgestorbenen Entwicklungslinie der bärlappartigen Pflanzen *(Lycopodiophyta).* Diese uralte Gruppe erlebte ihren Höhepunkt im Karbon des Paläozoikums, ihre fossilen Reste findet man in den Steinkohlelagern. Die stattlichen terrestrischen baumartigen Gattungen sind ausgestorben, heute gibt es auf der Welt etwa 70 Brachsenkrautarten, deren Verbreitungsschwerpunkte in Nordamerika und im Mittelmeerraum liegen. In Nordwesteuropa leben nur noch zwei Arten, von denen vereinzelte Lokalitäten auch in Mitteleuropa zu finden sind. Noch am Ende der letzten Festlandvereisung waren diese Pflanzen in Europa häufiger, heute haben sie ihre letzten Zufluchtstätten in den Gletscherseen, wo sie auch in beträchtlichen Tiefen von 0,5—5 m und mehr wachsen können. Sie werden daher als Reliktpflanzen bezeichnet. Der wissenschaftliche Name stammt von den griechischen Worten isos = gleich und étos = Jahr, da die Pflanzen das ganze Jahr über unverändert aussehen.

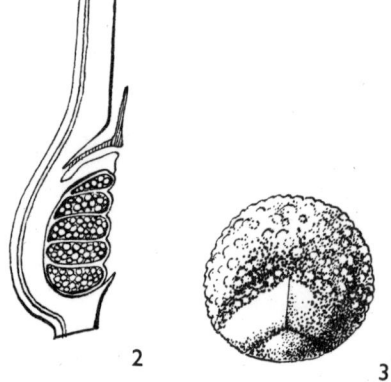

2

3

Wurzel/Sproß: mehrjährig, büschelig.
Blätter: schmal linealisch, pfriemenförmig (1); an Basis verbreiterte Gewebsteile.
Blüten: in diese Gewebsteile eingesenkte Sporangien, darüber ein häutiger Fortsatz, der als Lingula (2) bezeichnet wird; man kann Makrosporen (aus ihnen werden weibl. Geschlechtsorgane) und Mikrosporen (aus ihnen werden männl. Spermatozoide) unterscheiden.
Blütezeit: schwer zu bestimmen; Sporen verlassen die Sporangien etwa von Mai bis September.

Verwandte: *I. echinospora* unterscheidet sich nur geringfügig von *I. lacustris* in Oberflächenfeinstruktur der Makrosporen (3) und ihrer Größe, in

Blattform (Blattquerschnitt von *I. lacustris*) (4) und in Färbung (helleres Grün).

Schwimmendes Laichkraut
Potamogeton natans L.

Laichkrautgewächse
Potamogetonaceae

Es ist nicht ganz einfach, aus der 90 Arten umfassenden Gattung *Potamogeton* geeignete Vertreter auszuwählen, denn jede Art ist auf ihre Weise interessant. Die Laichkräuter sind eine stark verbreitete Familie, deren Angehörige von den Tropen bis in die gemäßigten Zonen wachsen. Sie passen sich sehr gut an die jeweilige Umgebung an und sind vor allem in der Blattform sehr veränderlich. Im Rahmen der Gattung *Potamogeton* kann man Arten mit breiten, auf der Oberfläche treibenden Blättern *(P. natans)* oder solche finden, deren fadenförmige Blattspreiten kammartig ausgebreitet *(P. pectinatus)* oder linealisch gestreckt sind *(P. rutilus)*. Meistens sind es untergetauchte oder auf der Wasseroberfläche treibende Pflanzen, die gut im Schlamm verankert sind. Ihre Blätter und Stengel enthalten viel Aerenchymgewebe, das die Unterwasserteile der Pflanzen mit Luft versorgt. Auch vegetativ vermehren sie sich gut, abgebrochene Pflanzenteile wurzeln rasch.

Laichkrautbestände sind in der Teichwirtschaft willkommen (sog. weiche Flora) und bieten geeignete Plätze zum Ablaichen. Für viele Schwimmer sind aber die unter Wasser verborgenen Kolonien recht unangenehm. Griechisch potámos = Fluß, geitón = Nachbar, nahe; „potamogeiton" war ein antiker Ausdruck für verschiedene Wasserpflanzen, der heute nur für die Laichkräuter gilt.

Wurzel/Sproß: mehrjährig; fest im Schlamm verankert, kriechende Wurzelstöcke; lange schwebende Stengel.
Blätter: bis 12 cm lang und 6 cm breit, langstielig, lederartig, auf der Oberfläche schwimmend (1).
Blüten: an aufrechten über dem Wasserspiegel hinausragenden Ähren; zweigeschlechtlich; das grüne Verbindungsorgan übernimmt die Funktion der nicht ausgebildeten Blütenblätter (4).

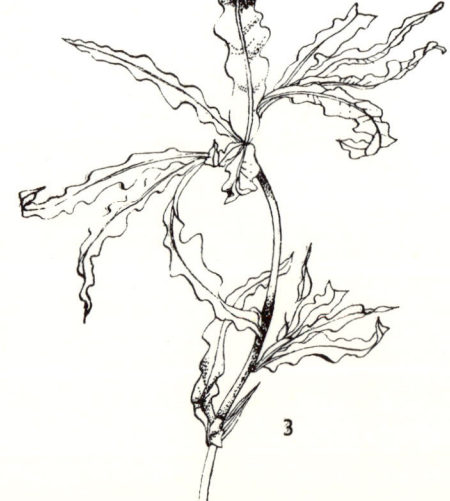

4

3

Früchte: 4—5 mm groß; werden von Wasservögeln gefressen; da fast unverdaulich, gelangen sie mit dem Vogelkot auch in weit entfernte und isolierte Gewässer.

Blütezeit: Juni bis August.

Verbreitung: nährstoffarme und basenreiche stehende und langsam fließende Gewässer von den Niederungen bis in die mittleren Gebirgslagen: Europa.

Verwandte: Knoten-Laichkraut *(P. fluitans)* mit 2 Blattypen: untergetauchte, vom strömenden Wasser geformte (schmal-lanzettlich) und breite eirunde (2) an der Oberfläche.
Krauses Laichkraut *(P. crispus),* dessen Blätter auffällig gewellte, gebogene Ränder (3) haben.

2

1

Flutender Hahnenfuß
Ranunculus fluitans LAM.

Hahnenfußgewächse
Ranunculaceae

Die Wasserhahnenfüße verleihen der Gewässeroberfläche ein besonderes Aussehen: Wenn sie blühen, meint man, einige Zentimeter über dem Wasserspiegel einen weißen Dunst zu sehen. Da die Hahnenfüße in den Teichen oder stillen Flußbuchten nie einzeln wachsen, wird dieser Effekt durch die Massenhaftigkeit der blühenden Hahnenfüße noch verstärkt.

Wurzel/Sproß: mehrjährig; Stengel 1—6 m lang.
Blätter: submerse Blätter häufig fadenförmig geteilt, schweben in der Strömung (1).
Blüten: in der Regel fünfzählig (3), weiß; manchmal auch 7 Kronblätter.
Früchte: bestäubte Blüten „reifen" zu kleinen Köpfchen heran (4), die aus einzelnen, auf der Wasseroberfläche schwimmenden Schließfrüchten bestehen (5).

Blütezeit: Juni bis August/September, im Juni auffallend größere Blüten.
Verbreitung: schnell fließende Gewässer, vor allem in der Region der Flußmittelläufe; in Buchten, wo er wurzelt, dichte, vom Strom getragene gewellte Bestände bildend (Versteck für Hechte und Aale); Südskandinavien, Mitteleuropa bis Südfrankreich und Norditalien.
Verwandte: Wasserhahnenfuß *(R. aquatile),* fast kosmopolitisch verbreitet; bevorzugt stehende Gewässer, Weiher, tote Flußarme in einer Tiefe von ca. 50 cm; manchmal auf bloßliegendem

5

Grund und in der Uferzone auch eine
terrestrische Form hervorbringend mit
ungeteilter, den Schwimmblättern
ähnlicher Belaubung; 2 Blättertypen
aufweisend: fransenförmig geteilte
(submerse) und normal entwickelte mit
platter Spreite (2) (auf der Oberfläche
treibend).

195

Wasserknöterich
Polygonum amphibium L.

Knöterichgewächse
Polygonaceae

Der Wasserknöterich ist eine weit verbreitete Amphibienpflanze, die sowohl im Wasser (natante Form) als auch auf dem Land (terrestrische Form) vorkommt. Diese Formen unterscheiden sich auf den ersten Blick so voneinander, daß man sie für zwei selbständige Arten halten kann.

Der Wasserknöterich ist in der Fischwirtschaft eine geschätzte Pflanze, da seine Stengel und auf der Oberfläche treibenden Blätter gute Schlupfwinkel und Laichplätze bieten. In einer Zeit, als die Trockenlegung der Fischteiche noch häufiger in der Teichwirtschaft praktiziert wurde, überlebte dieser Knöterich von allen Pflanzen die „Trockenzeit" am besten, da er seine terrestrische Form entwickeln konnte.

Der Name der weitgehend mit dem Wasser verbundenen Gattung *Polygonum* stammt vom griechischen polýs = viel und góny = Knoten: Die Knöterichstengel haben nämlich zahlreiche auffällig gekniete Nodien.

Wurzel/Sproß: a) natante Form: ausdauernde, kriechende, ästige Wurzel mit treibenden Stengeln, die aus ca. 20 cm langen Gliedern bestehen, häufig über 1 m lang; b) terrestrische Form: gleicher Wurzelstock mit aufrechten, bis zu 0,5 m hohen Stengeln (verkürzte Internodien, 2—7 cm).

Blätter: a) natante Form: obere Stengelblätter (1) treiben auf der Oberfläche und sterben im Laufe des Jahres nach und nach ab; b) terr. Form: schmaler, aus lang behaarten Scheiden wachsend (2).

Blüten: a) natante Form: rosig, die Scheinähren entwickeln sich stets völlig über Wasser; b) terrestrische Form: selten blühend mit kurzen Scheinähren und blaßrosa Blüten.

Blütezeit: Juni/Juli, manchmal auch später wiederholt.

Verbreitung: stehende und langsam fließende Gewässer; besonders seichte Behälter mit sandigem bzw. verschlammtem Grund und Fischteiche mittlerer Tiefe; aus Uferschilfzone auf das freie Wasser über größere Tiefen hinausdrängend; zirkumpolar in Europa, Asien und Nordamerika, aber auch Indien und Mexiko.

Heilkunde: Wurzelabsud wegen des hohen Gerbstoffgehaltes früher in Volksheilkunde verwendet.

1

2

197

Froschbiß
Hydrocharis morsus-ranae L.

Froschbißgewächse
Hydrocharitaceae

Die Süßwasserpflanzen Froschbiß und Krebsschere sind eine Ausnahme unter den vorwiegend salzwasserliebenden Vertretern der Familie *Hydrocharitaceae.* In den Meeren wachsen etwa 9 Gattungen mit 31 Arten; gemeinsam mit dem *Potamogetonaceae* sind sie die häufigsten und manchmal einzigen Vertreter der Bedecktsamer in der Meeresflora.

Da der Froschbiß viele Ableger bildet, sind seine Kolonien so dicht, daß sie das Wasser beschatten und den Fischfang erschweren.

Am Beispiel des Froschbisses kann man eine Eigenschaft des Wasserpflanzen-Wurzelsystems gut demonstrieren. Bei dieser schwimmenden Pflanze (frei im Wasser treibend bzw. auf ihren Schwimmblättern wie auf Schwimmkörpern ruhend), hängen ihre Wurzeln frei im Wasser und behalten während ihrer ganzen Existenz (im Gegensatz zu den terrestrischen, im Boden wurzelnden Pflanzen) ihre Wurzelbehaarung. Dadurch vergrößert sich die Wurzeloberfläche ca. um das Achtfache.

Der wissenschaftliche Name enthält gewissermaßen ein Paradox: *Hydrocharis* heißt frei übersetzt „Wasserzier", *morsus-ranae* hingegen „Frosch-Schmerz" oder „Froschbiß".

Wurzel/Sproß: mehrjährig mit kurzem Wurzelstock und langen Würzelchen; Vermehrung oft durch lange Ausläufer (Stolonen), an deren Enden neue Blattrosetten oder eiförmige, perennierende „Knospen" wachsen, die im Frühjahr wieder aus dem Schlamm an die Oberfläche emportauchen.

Blätter: zu charakteristischen Rosetten angeordnet, auf der Wasseroberfläche treibend; schuppenförmige Nebenblätter der Stielbasis als Unterscheidungsmerkmal gegenüber der ähnlich aussehenden Seekanne *(Nymphoides peltata).*

Blüten: dreizählig, eingeschlechtlich; langstielige (männliche) mit 12 Staubgefäßen wachsen aus der Achsel eines häutigen Köchers; weibliche, in den Scheiden fest ansitzend, haben 6 gespreizte Narben (1).

Blütezeit: wenn zur Blüte kommend, dann Juni bis August.

Verbreitung: stehende und langsam fließende Gewässer: Weiher, kleine Seen, Abwassergräben; in stehenden Gewässern mit kleiner Oberfläche dichte, zusammenhängende Bestände bildend; eurosibirische Pflanze, vorwiegend in West- und Mitteleuropa; in Schottland, Nordskandinavien und Südeuropa fehlt sie ganz.

Gelbe Teichrose, Mummel
Nuphar lutea (L.) SM.

Seerosengewächse
Nymphaeaceae

Die Teichrosen gehören zusammen mit den Seerosen zu den schönsten Wasserpflanzen überhaupt. Auch wenn sie heute noch mancherorts häufig vorkommen, gehören sie zu den seltenen Pflanzen und stehen unter Naturschutz.
Ihre Entwicklung geht anfangs nur langsam vonstatten: Aus den von Wasservögeln oder durch die Strömung verbreiteten Samen entstehen Keimlinge, die erst nach etwa 4 Jahren zur Blüte kommen. Die ersten Blätter jeder neuen Saison entwickeln sich bereits im Herbst des voraufgehenden Jahres. Sobald aber die Temperatur unter 10 °C sinkt, gerät die Entwicklung ins Stocken, und die Teichrosen bereiten sich auf die Überwinterung vor. Erst im Frühjahr geht das Wachstum weiter und nach weiteren dünnen submersen Blättern erscheinen auf der Wasseroberfläche die typischen flachen ledrigen Schwimmblätter.

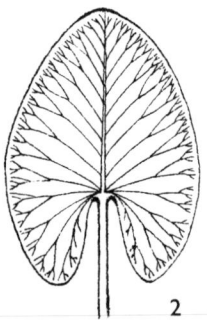

2

Wurzel/Sproß: mehrjährig, kräftiger, starker (manchmal bis zu 10 cm dick und über 2 m lang) Wurzelstock, aus dessen Unterseite die Wurzeln wachsen; Oberteil uneben, höckerig, von Blattnarben gezeichnet (1).
Blätter: langstielig, teils submers, teils mit charakteristischer gegabelter Nervatur (2), auf der Wasseroberfläche treibend; Spreite bis 40 cm lang und 30 cm breit.
Blüten: gelb, an langen Stengeln.
Früchte: nach Bestäubung Umwandlung

des Fruchtknotens mit der scheibenförmigen Narbe in eine lange, vielkammerige flaschenförmige Frucht (3).
Blütezeit: Juni bis August.
Verbreitung: Teiche, Seen, Weiher, stille Buchten, tote Flußarme (am besten bei Wassertiefen zwischen 80 und 200 cm); typisch eurosibirische Pflanze.
Heilkunde: früher bei alten Kräutersammlern und Wunderheilern beliebt; Droge wurde aus dem Wurzelstock gewonnen, der verschiedene Alkaloide (Nupharin, Nupharidin) und ein kardiotonisches Glykosid enthält; als Sedativum bei Überreizung verabreicht; in größeren Dosierungen jedoch Gefahr von Lähmung der Atemzentren.
Verwandte: Kleine Teichrose *(Nuphar pumila)* heute nur noch sehr selten; Rückgang dieses kostbaren Relikts in der europ. Flora eine Folge von Talsperrenbau, Industrieabwässern und Eutrophierung (Düngerüberschuß) in Teichen.

Weiße Seerose
Nymphaea alba L.

Seerosengewächse
Nymphaeaceae

Seerosen kommen in der Märchenwelt vor. In einem Indianermärchen streiten sich z. B. der Abend- und der Nordstern um einen Pfeil, den ein Indianerhäuptling in die Luft geschossen hatte. Sie stritten sich, daß die Funken stoben; die Funken fielen ins Wasser. Aus ihnen gingen die heiligen „Wasserlilien", die Seerosen hervor. Geschichten von verzauberten Nixen, Wassernymphen, die in mondhellen Nächten aus den Blüten steigen und auf der Wasseroberfläche tanzen... Seerosenblüten, zur Nachtzeit mit bloßer Hand gepflückt, sollen Glück in der Liebe bringen...

Die Seerosen sind heute in der von der Zivilisation geprägten Landschaft selten geworden und stehen bei uns wie in vielen anderen Ländern unter Naturschutz. Der wissenschaftliche Name entstammt der Mythologie: Eine Nymphe starb aus Liebe zu Herkules und wurde zur Blüte.

Wurzel/Sproß: mehrjährig; 5 cm dicker (1) und 30—50 cm langer Wurzelstock, im Gegensatz zu dem schrägen Wurzelstock der Teichrose fast senkrecht im Schlamm wachsend; Blattnarben gleichmäßig über seine Oberfläche verteilt; ebenso sind die Wurzeln angeordnet.

Blätter: auf der Wasseroberfläche treibende Seerosenblätter sind Modell für Schwimmblätter, deren Atemöffnungen ausschließlich an der Oberseite sitzen; charakteristische Nervatur, die sich von Teichrosenblättern unterscheidet: herzförmige Lappen (2), die an der Blattbasis auseinanderstreben.

Blüten: weiß, bis 12 cm groß mit zahlreichen Kronblättern an langen Stengeln; sie öffnen sich periodisch; bei klarem Wetter bereits um 7 Uhr früh und schließen sich zwischen 16 und 17 Uhr; Bestäubung durch Insekten, vor allem Fliegen; nach ca. einer Woche fallen Kronblätter ab und Stengel dreht sich spiralig unter die Wasseroberfläche.

Früchte: große, fleischige Kapsel, ähnlich einer Mohnkapsel.

Blütezeit: Juni bis August.

Verbreitung: in stehenden Gewässern mit schlammigem Grund; Mittel- und Westeuropa.

Heilkunde: Wurzelstock enthält Alkaloide und das Glykosid Nyphaein; hieraus gewonnene Droge diente als Beruhigungsmittel bei gesteigerter Reizbarkeit.

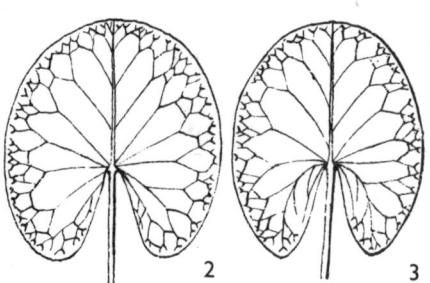

2   3

Verwandte: Glänzende Seerose
(N. candida) ist eurosibirische Art,
die weiter nordöstl. vorkommt, aber in
Großbritannien und an der westeurop.
Küste fehlt; ihre Blattlappen (3) sitzen nahe
beieinander und können sich gelegentlich
überlappen.

Gemeiner Wasserschlauch
Utricularis vulgaris L.

Wasserschlauchgewächse
Lentibulariaceae

Der Wasserschlauch, das Brachsenkraut und der Sonnentau *(Isoëtes und Drosera)* sind die ungewöhnlichsten Pflanzen in der vorliegenden Auswahl. Der Wasserschlauch ist eine wurzellose mixotrophe Wasserpflanze, deren Blätter zum Fang kleiner Lebewesen fähig sind. (Mixotroph sind Pflanzen, die außer der normalen Photosynthese, d. h. der autotrophen Ernährung, fehlende Nährstoffe aus den Körpern anderer Organismen gewinnen, also auf heterotrophe Weise.) Unter den Blattsegmenten finden sich besondere aufgeblähte Blasen mit einer Öffnung, die durch eine sich nach innen öffnende Klappe verschlossen sind. Rings um diese Öffnung sitzen Haare, sog. Antennen, die empfindlich auf Berührungen reagieren. Kommt beispielsweise ein kleines Wasserkrustentier an so eine Antenne, öffnet sich die Klappe jäh und das ganze Gefäß erweitert sich. Dadurch saugt es Wasser und damit auch das Tier an, welches schließlich in diesem Gefängnis umkommt. Die Stoffe aus dem sich zersetzenden Körper nimmt die Pflanze durch ihr Gewebe auf.

Einige Naturwissenschaftler haben diesen Blasen auch eine Schwimmblasenfunktion zugeschrieben: Vor der Blüte sind sie nämlich normalerweise luftgefüllt und die Pflanze schwimmt dicht unter der Oberfläche, so daß die Blütenstengel aus dem Wasser ragen.

Wurzel/Sproß: mehrjährig, wurzellos; gelegentlich ist nicht grüner Stengelteil im Schlamm verankert, z. B. bei der Art

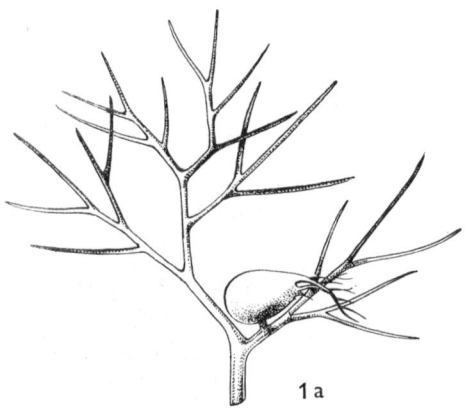

1 a

Utricularia intermedia; Stengel spärlich verzweigt.
Blätter: wechselständig, lang handförmig geteilt aus fadenförmigen Segmenten mit blasenartigen Fangorganen (1a, 1b); Utriculus — Beutelchen.
Blüten: leuchtend gelb an einem langen, übers Wasser hinausragendem Stiel in schütterer Traube; Kelch besteht aus zwei Blättchen, Krone zweilippig; Blüte besitzt nur zwei kurze Staubgefäße.
Blütezeit: blüht selten (wenn, von Juni bis August); vermehrt sich meist durch Vegetativknospen, die am Grund überwintern.
Verbreitung: selten, nur vereinzelt in stehenden Gewässern mit schlammigem Grund; kosmopolitisch bzw. zirkumpolar auf der Nordhalbkugel.
Pflanze steht unter Naturschutz.

1b

205

Krebsschere
Stratiotes aloides L.

Froschgebißgewächse
Hydrocharitaceae

Die Krebsschere heißt im Volksmund vielfach Wasseraloe. Schließlich bezieht sich auch der wissenschaftliche Artenname *aloides* auf die verblüffende Ähnlichkeit der Blätter bzw. der Blattrosette mit verschiedenen Pflanzen aus der Gattung *Aloe*. Die Krebsschere ist jedoch eine ausgesprochene Wasserpflanze, deren Blattrosetten sich dicht unter der Wasseroberfläche öffnen. Gelegentlich kann man in tieferen Gewässern auch submerse, am Grund wachsende Rosetten aus feineren Blättern finden, die gut verwurzelt sind. Normalerweise schwimmen aber die halb untergetauchten Rosetten, und die langen fleischigen Wurzeln verfangen sich nur gelegentlich im Schlamm. Sie sind aber sehr anpassungsfähig, und man kann sie auch als Zierpflanzen in wassergefüllten Steinbecken ganz ohne Erde oder Sand halten.

Wurzel/Sproß: mehrjährig, kurzer Wurzelstock; kräftige vegetative Vermehrung: am Ende der langen kriechenden Ausläufer, die vom Unterteil der Mutterpflanze ausgehen, wachsen Tochterrosetten.
Blätter: vielblättrige Rosette aus zähen, im Querschnitt geschwungen dreikantigen (1) Blättern; Ränder scharf

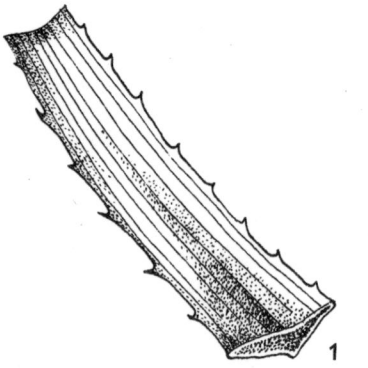

1

gesägt und stechend; (vgl. aus dem Griechischen kommende wissenschaftliche Bezeichnung *Stratiotes* = Krieger, Gewappneter).
Blüten: weiß, dreizählig, zweihäusig; männliche langstielig mit vielen Staubgefäßen, von denen aber nur ca. 12 Staubbeutel tragen; weibl. Blüten kleiner, kurzstielig mit 6 Narben.
Früchte: stachelige, ledrige Kapsel.
Blütezeit: ab Juni, oft wiederholt bis September.
Verbreitung: in stehenden oder langsam fließenden Gewässern, in Weihern und toten Flußarmen, gelegentlich großflächige, undurchdringlich dichte Bestände bildend; so tragen sie zum Zuwachsen und Verlanden von stehenden Gewässern und Kanälen bei; insgesamt jedoch selten; Mitteleuropa und Westsibirien, in West- und Nordwesteuropa nur vereinzelt, vielfach (z. B. Schottland und Irland) Vorkommen als sekundär angesehen. Pflanze steht unter Naturschutz.

207

Gemeines Hornblatt
Ceratophyllum demersum L.

Hornblattgewächse
Ceratophyllaceae

Die feinen, fadenartig belaubten Stengel des Gemeinen Hornblatts lassen auf den ersten Blick nicht vermuten, daß es sich um einen Verwandten der Seerosen handelt. Und doch werden die Hornblattgewächse der Ordnung *Nymphaeales* zugerechnet. Das Gewebe der Hornblätter ist stark vereinfacht. Das Gefäßgewebe ist auf eine einzige Ader zurückgeführt, ein zähes „Kanälchen" in der Stengelmitte, umgeben von Bast. Auch der Blattbau ist anders — die gabelig geteilten Blätter wachsen an den Stengeln in Quirlen.

Die Familie der Hornblattgewächse wird von einer einzigen Gattung *Ceratophyllum* repräsentiert. Das Hornblatt wächst auf dem Gebiet des heutigen Europas seit der Mitte des Tertiärs, also rund 70 Millionen Jahre.

Wurzel/Sproß: mehrjährig; Wurzel verkümmert oder überhaupt nicht entwickelt: ggf. durch kurze „Rhizoide" ersetzt; außerhalb des Wassers ist die Pflanze nicht lebensfähig.

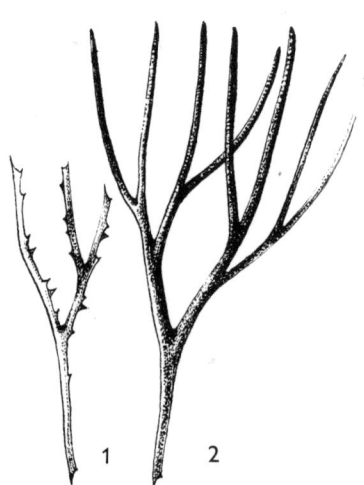

1   2

Blätter: regelmäßig zu fadenartigen Segmenten gegabelt, 1—2mal (1); in Quirlen an 1—2 m langen Stengeln.

Blüten: nur selten entwickelt; einhäusig, einzeln in den Blattachseln sitzend; männl. haben 10—20 Staubgefäße und eine 12zipfelige Hülle; bei den weibl. hat die Hülle nur 10 Zipfel.

Früchte: je Blüte ein Fruchtknoten, der zu einem dreistacheligen Nüßchen heranreift (3).

Blütezeit: wenn überhaupt, dann von Juni bis September.

Verbreitung: stehende und langsam fließende Gewässer, Weiher, tote Flußarme und Fischteiche vor allem im Flachland; auch in tieferem Wasser gut gedeihend, da ihm dortige Lichtverhältnisse (diffuses Licht) besser bekommen; manchmal dichte zusammenhängende Bestände bildend, die Fischfang mit dem Netz erschweren; nicht für Aquarien geeignet.

Verwandte: Glattes H. *(C. submersum)* seltener, wärmeliebend, verträgt aber auch schwach salziges Brackwasser gut; Blätter 3-mal gegabelt (2).

3

209

Ähriges Tausendblatt
Myriophyllum spicatum L.

Tausendblattgewächse
Haloragaceae

Bei einem Vergleich des Hornblatts mit dem Tausendblatt kann man sehen, wie die gleichen Bedingungen im Biotop, Entwicklung und Aussehen der einander in systematischer Hinsicht fernstehenden Pflanzen beeinflußt haben.

Die *Haloragaceae* sind eine Familie von Wasser- und Sumpfpflanzen, die von den Tropen bis in die gemäßigten Zonen verbreitet sind, vorwiegend auf der südlichen Halbkugel, wo sie an den Küsten Australiens vorkommen. Die Gattung *Myriophyllum* enthält etwa 40 Arten: Die australischen sind meist amphibisch, die amerikanischen Arten eher reine Wasserpflanzen.

Wurzel/Sproß: mehrjährig, kriechender Wurzelstock; die schönen, dekorativen, rötlich gefärbten Stengel, die den im Wasser „schwebenden" Pflanzen ein exotisches Aussehen geben, können bis zu 2 m lang werden; in rasch fließenden Gewässern erreichen sie jedoch nur 30—50 cm Länge.

Blätter: fast 2,5 cm groß; an den Stengeln in vierzähligen Quirlen angeordnet; fadenförmig-fiederteilig mit 6—20 Segmenten auf jeder Hälfte (1).

Blüten: in Terminalähren, aus dem Wasser ragend; zweigeschlechtlich — bzw. unten weiblich (2) und oben männlich (3) — zierlich, rötlich oder rosa.

Früchte: in 4 Teilfrüchte zerspringend (4).

Blütezeit: Juli/August.

Verbreitung: hier und da in stehenden und auch schwach fließenden Gewässern, einzeln oder in größeren Beständen; verträgt aber auch tiefes Wasser in sauberen Seen oder sogar kalkhaltiges Wasser; nahezu kosmopolitisch außer in Südamerika und Australien.

Verwandte: Wechselblütiges T. (*M. alterniflorum*) im ozeanischen Westeuropa und an der Ostküste

2

3

Nordamerikas, braucht sauberes,
kalkarmes sauerstoffreiches kühles
Wasser auf Kiesgrund von höchstens 1 m
Tiefe; Blätter ebenfalls in vierzähligen
Quirlen. Beim Quirlblütigen T.
(*M. verticillatum*) sind die Blätter in
fünf- bis sechszähligen Quirlen angeordnet.

Seekanne
Nymphoides peltata (GMEL.) KUNTZE

Fieberkleegewächse
Menyanthaceae

Im Gegensatz zu den verwandten, vorwiegend im Gebirge und auch im hohen Norden wachsenden Enzianen, sind die meisten *Nymphoides*-Arten wärmeliebende tropische Pflanzen. Auch unsere Seekanne ist gewissermaßen wärmeliebend. Sie bringt zwei Typen von gegliederten Trieben hervor: In der warmen Sommerzeit lange (manchmal über 1 m), mit langen Internodien von 8−20 cm. Im herbstlich kühlerem Wasser wachsen kürzere Triebe, die insgesamt kaum 2−20 cm lang werden. Vor allem die langen Sommertriebe dienen der schnellen vegetativen Vermehrung.

Die Blätter der Seekanne ähneln kleinen Seerosenblättern. Diese wahrscheinlich ökologisch bedingte Übereinstimmung führte auch zur Benennung der Pflanze (*Nymphaea* = Seerose, *Nymphoides* = Seekanne).

Wurzel/Sproß: mehrjährig, kriechender Wurzelstock (1), rundliche Stengel.
Blätter: fast gegenständig an langen, in Scheiden gefaßten Stielen sitzend; verändertes Aussehen im Laufe der Saison, je nach Wärme- und Lichtverhältnissen: erste Schwimmblätter hellgrün (erscheinen Ende April), spätere definitive Blätter dunkelgrün und zäh, auf der Unterseite rotviolett und fein gesprenkelt; letzte Herbstblätter dunkelgrün-violett, da noch mehr Anthocyanfarbstoffe enthaltend.
Blüten: auffällig langstielig, fünfzählig; goldgelbe, becherförmige Krone (bis 3 cm breit) mit fransigen Zipfeln (vgl. Blüten des verwandten Dreiblättrigen Fieberklees, s. S. 124), werden normalerweise von Bienen bestäubt; Heterostylie wurde festgestellt.
Frucht: spitze Kapsel.
Blütezeit: Juli/August.
Verbreitung: im tiefen Wasser wachsend (dann neben Schwimmblättern noch kleinere Tauchblätter; auf Grund abgelassener Teiche terrestrische Formen mit kurzstieligen Blättern bildend; eurasische Art mit eher subkontinentaler Verbreitung: von Mitteleuropa (bis Holland) bis China; als Zierpflanze vielerorts ausgesetzt und verwildert.

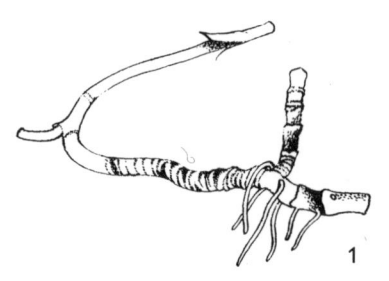

1

213

Kleine Wasserlinse
Lemna minor L.

Wasserlinsengewächse
Lemnaceae

Die *Lemnaceae* gehören zu den Familien, deren Körperorgane bis an die Grenzen des Möglichen reduziert sind. Bei keiner anderen Bedecktsamergruppe wurde eine solche Reduzierung beobachtet. Der Körper ist ein blattähnliches Gebilde, von dem angenommen wird, daß es sich um ein einziges, mehr oder weniger echtes Blatt handelt, oder daß man es hier mit einem blattförmig umgestalteten Stengel zu tun hat. Die Wasserlinsen blühen nur sehr selten, doch vermehren sie sich vegetativ stark. Im „Mutterblatt" befindet sich ein Hohlraum, worin die Vegetationsspitze sitzt, aus der ein neues Glied (ein „Blättchen") hervortreibt. Dies neue Glied trennt sich bei den meisten Wasserlinsen von der Pflanze los, bei einigen bleibt es aber mit ihr verbunden (*Lemna trisulca*).

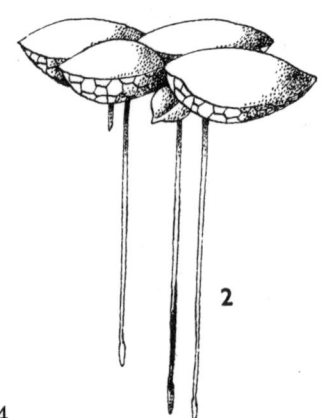

Wurzel/Sproß: platte Blättchen (Glieder) auf beiden Seiten grün, auf dem Wasser schwimmend und nur eine Wurzel besitzend (1).
Blüten/Früchte: wenn zur Blüte kommend (sehr selten), haben diese nur ein Staubgefäß und einen einzigen Fruchtknoten.
Verbreitung: nahezu Kosmopoliten; werden sehr leicht auch über sehr große Entfernungen von Wasservögeln übertragen; fast auf jedem ruhigen Wasserspiegel, oft sogar massenhaft wachsend; Vorkommen einzelner Arten in den Gesellschaften der Wasseroberfläche kann in einer einzigen Vegetationsperiode schwanken.

1

Verwandte: Buckel-W. (*Lemna gibba*) hat bauchig aufgeblähte Blätter (2). Dreifurchige W. *(L. triculca)* hat eirund-lanzettliche Blätter, die ins Wasser eingetaucht sind, einen langen Stiel haben und über einige „Generationen" miteinander verbunden (3) bleiben. Vielwurzelige Teichlinse *(Spirodela polyrhiza)* hat rundlich-eiförmige Blätter mit einer auffallend rötlichen Unterseite; aus jedem Blatt hängt ein Bündel von Fadenwürzelchen herab (4).

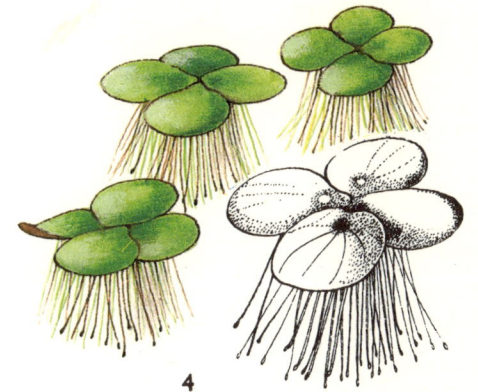

4

3

Wichtige Fremdwörter und Fachausdrücke

Achänen
die Nußfrüchte der Korbblütler oder Compositen (z. B. Sonnenblume, Löwenzahn).

Adventivpflanzen
Pfl.-Arten, die durch den Menschen in ein fremdes Florengebiet verschleppt werden, sich zumeist an Verkehrswegen ausbreiten und vor allem vom Menschen geschaffene (anthropogene) oder wenigstens stark beeinflußte Standorte besiedeln.

Aerenchymgewebe
= Durchlüftungsgewebe; dient der Gasversorgung, vor allem bei untergetauchten Blättern und Sprossen von Wasserpflanzen.

Alkaloide
Naturstoffe mit heterozyklisch gebundenem Stickstoff von mehr oder weniger basischem Charakter, die eine ausgesprochene pharmakologische Bedeutung haben. Einige gehören zu den stärksten Giften, können aber bei sachgemäßer Anwendung wertvolle Heilmittel sein.

Amara (bitter)
die Bittermittel gehören zu den appetitanregenden Mitteln. Bitterstoffe oder ätherische Öle (Aromatica) enthaltende Drogen finden sich in zahlreichen Pflanzen. Offizinell: *Tinctura China composita, T. strychni, T. amara, T. aromatica.* Gift- und Reizstoff in der Anemone und im Scharfen Hahnenfuß.

Anthocyane
natürl., in Blüten sehr verbreitete blaue, violette und rote Farbstoffe.

Archaeophyt
alt-eingebürgerte, schon seit alters her in diesem Verbreitungsgebiet wachsende Pflanzen.

Assimilation (Angleichung, Anpassung)
Die Überführung der von einem Lebewesen aufgenommenen Stoffe in Körpersubstanz (Anabolismus, Aufbaustoffwechsel), bei Pflanzen die Umwandlung anorganischer Stoffe in organische Verbindungen. Die grünen Pflanzen assimilieren (Kohlenstoff) tagsüber (Photosynthese) und atmen nachts.

Atropin
$C_{17}H_{23}NO_3$, giftiges Alkaloid, Ester der Tropasäure, in Pflanzen aus der Gruppe der Nachtschattengewächse *(Solanaceae)* z. B. der Tollkirsche *(Atropa bella-donna)* und des Stechapfels *(Datura stramonium)* vorkommend.

Autotroph
das Vermögen der grünen Pflanzen, alle zum Leben notwendigen Stoffe aus Wasser, Kohlendioxid und anorganischen Salzen selbst aufzubauen. (Gegensatz — Heterotrophie).

azidophil
Pflanzen, die saure Böden bevorzugen oder nur auf Böden mit saurer Reaktion wachsen.

Biotop — Lebensraum
ein durch besondere Gegebenheiten charakterisierter abgrenzbarer Raum, der auf Grund seiner spezifischen Verhältnisse die Lebensstätte einer Biozönose darstellt, z. B. Bach, See, Strand, Moor, Wiese, Laubwald, Steppe usw., wobei Biotope verschiedener Qualität und Größe ineinander übergehen können.

Biozönose
Lebensgemeinschaft von Organismen (Phytozönose — von Pflanzen; Zoozönose — von Tieren).

Chimären
Bezeichnung für Individuen, die aus genetisch unterschiedlichen Teilen bestehen. Künstlich können sie durch Pfropfung oder Transplantation hervorgebracht werden. Spontan entstehen sie als natürliche Ch. innerhalb eines Individuums durch

Mutation, Plastidenentmischung, Plasmonumkombination (plasmat. Vererbung).

Chlorophyll
Das Blattgrün, der grüne Farbstoff der Pflanzen, stets gebunden an geformte Farbstoffträger (Chloroplasten — Chromatophoren), die im Zellplasma liegen, erst farblos sind und nur unter dem Einfluß des Lichtes ergrünen.

Cholin
Trimethyloxyäthylammoniumhydroxyd eine organische Base, die in der Galle aufgefunden wurde. In der Natur weit verbreitet, besonders im Hirn und im Eidotter als Bestandteil des Lecithins. Für Vitaminstoffwechsel wichtig, zur Behandlung von Lebererkrankungen.

Chromosomen (Farbkörper)
Kernschleifen in den Zellkernen von Organismen, die sich nach Fixierung intensiv mit basischen Farbstoffen anfärben. Für die Eigenschaften des Organismus, die Erbanlagen, zuständig.

Degradiert (Böden)
(Degradation)
Veränderung des Bodenprofils, vor allem Aufhellung des A-Horizontes oder Verbraunung des Unterbodens in Schwarzerden.
Böden geringer Fruchtbarkeit.

demers
auf dem Wasser schwimmend

emers
über die Wasserfläche hinausragende Pflanzen (Gegenteil — submers)

Endemiten
vgl. Endemismus, Beschränkung einer Tier- oder Pflanzenart auf ein bestimmtes Verbreitungsgebiet, das kontinentale Ausmaße haben kann, meist aber eng begrenzt ist.

Erosion (Ausnagung)
im intern. Sprachgebrauch (Geogr. u. Geol.) meist im weiteren Sinne für Abtragung gebraucht. In der dt. Geomorphologie bedeutet E. vorzugsweise die abtragende Tätigkeit des Wassers durch Reibung, Stoßkraft und Geschiebeführung, wodurch die Fließrinne nach der Tiefe und den Seiten erweitert wird und ein Tal entsteht.

Flavone
eine Gruppe von gelben Blütenfarbstoffen (z. B. d. Ginsters), die sich von dem als Flavon benannten — farblosen — Grundstoff oder seinem Isomerem, dem Isoflavon, ableiten. Durch Eintritt von Hydroxyl- oder Methoxylgruppen in das Flavongerüst und Glucosidifizierung oder Veresterung mit Tanninsäure entstehen die eigentlichen Farbstoffe. Bestimmte Flavonglucoside, das Hosperidin der Zitrone und das Rutin der Raute regeln die Durchlässigkeit der Blutkapillaren.

Folliculus
— einsamige Balgfrucht

Geoelement
(atlant. — subatlant.) = Florenelemente Pfl.-Sippen, die zusammengefaßt werden, weil sie
1. ähnl. Verbreitung (geogr. Florenelement Pfl.-Areale) oder
2. ein gemeinsames Ursprungsgebiet haben (genetisches F. oder Genoelement) oder
3. auf dem selben Weg in ein Gebiet eingewandert sind (Einwanderungs- oder Migro-Element) oder
4. an bestimmte Pfl.-Gesellschaften gebunden sind und somit Charakter höherer Ordnung entsprechen (Coeno-Element) oder
5. gleiche ökologische Ansprüche stellen (Öko-Element).

Geophyt (Kryptophyten, Erdpflanzen)
ausdauernde, höhere Landpflanzen, die ihre Überdauerungsorgane unter der Erde verbergen (Erdsprosse der Rhizomgeophyten, Zwiebeln der Zwiebelgeophyten).

Glumae
ein Teil der Grasblüte (Hüllspelzen)

Glykoside
organ. Verbindung, in ihrem Aufbau Acetate aus Zuckern mit Stoffen, die Hydroxylgruppen enthalten. Man bezeichnet sie je nach der Zuckerkomponente als Glucoside, Galaktoside, Mannoside usw. Am häufigsten sind die Glucoside.

Haustorien
Saugfortsätze, zapfenartige Organe der
Schmarotzerpflanze, mit dem diese in
ihre Wirtpfl. eindringen, um Nährstoffe
sowie Transpirationswasser zu
entziehen. Parasitäre Pilze dringen mit
Hilfe von Haustorialhyphen in die
einzelnen Zellen der Wirtpfl. ein.

Herbizide
Chemikalien, die als
Unkrautbekämpfungsmittel entweder
total oder selektiv Pfl. vernichten.

heterostyl (— Heterostylie)
Das Vorkommen von 2 (Distylie) oder
3 (Tristylie) erblich bestimmten Typen
von Griffeln innerhalb der gleichen
Pflanzenart (z. B. Primel). H. begünstigt
Fremdbestäubung.

Hybridisierung
(klass. Genetik) Bastardisierung.
Kreuzung.

Indikator
Anzeiger; Pfl., die durch ihre
Anwesenheit Rückschlüsse auf die
Bodenzusammensetzung zulassen.

Inulin (Inula)
ein Polysaccharid, das sich im
Pflanzenreich als Reservestoff hpts. in
Korbblütlern findet, bes. reichlich in
Topinambur- und Dahlienknollen.

Klause
in vier einsamige Nüßchen zerfallende,
aus zwei Fruchtblättern gebildete
Spaltfrucht der Borretschgewächse und
Lippenblütler.

Kleistogamie
Blütenbestäubung in nicht geöffneter
Blüte; eine Form der Selbstbestäubung
(z. B. Wicken- und Taubnesselarten).
Kleistogame Blüten bilden u. a.
Veilchen im sommerlichen Langtag.

Kormus
der in Wurzel, Sproßachse oder
Stengel und Blätter gegliederte,
anatomisch in unterschiedliche
Gewebesysteme gegliederte
Vegetationskörper der höheren
Landpflanzen. Gegenstück zu Kormus
ist Thallus.

Kosmopolit
(Weltbürger) Organismen, die über fast
alle Kontinente verbreitet sind.

Latex
wässerige Dispersion von Polymeren
natürlichen oder synthetischen
Ursprungs.
Durch Anritzen der Rinde von
Kautschuk liefernden Pfl. wird deren
Milchsaft als natürlicher Latex
gewonnen.

Litoral
der Küstenzone angehörend

Lodiculae
Schwellkörper, bei Wasseraufnahme
schwellbare Schüppchen bei Gräsern.

Meristem
Teilungsgewebe (Bildungsgewebe):
embryonales, zu ausgiebiger
Zellteilung befähigtes Zellgewebe der
Pflanzen (Wachstum).

mixotroph, Mixotrophie
eine Art der Ernährung bei einigen
niederen Algen, die sich je nach
gegebenen Bedingungen autotroph
oder heterotroph zu ernähren
vermögen.

mykotroph
Ernährungsweise, bei der höhere Pfl.
eine Symbiose mit Pilzen eingehen. Pilz
lockert Humusboden und versorgt Pfl.
mit Wasser und Mineralsalzen. Pfl.
liefert dem Pilz vor allem
Kohlehydrate.

Nektarien
Saft-, Honigdrüsen bei Pfl., die aus
Nektarspalten zuckerhaltigen Saft
(Nektar) abscheiden. Vorwiegend als
Drüsenflächen oder Drüsenhaare
innerhalb der Blüten (nuptial bzw.
flotal).
Daneben gibt es auch extranuptiale
bzw. extraflotale außerhalb der Blüten.

Neophyten
neu in einem best. Gebiet angesiedelte
Pflanzen.

nitrophil
stickstoffliebend

Nyktinastie
durch Turgoränderung oder Wachstum hervorgerufene, lageverändernde Bewegung von Blättern und Blütenblättern, die als Schlafbewegung bezeichnet wird. Ausgelöst durch Licht oder Temperaturwechsel äußert sie sich in der ausgebreiteten Stellung der Blätter bei Licht oder Wärme bzw. in der senkrecht hängenden oder aufgerichteten Stellung bei Dunkelheit oder Kälte.

Ökologie
von E. Haeckel 1866 stammende Bezeichnung für „die gesamte Wissenschaft von den Beziehungen des Organismus zur umgebenden Außenwelt". Forschungsgegenstand dieser Teildisziplin der Biologie ist in erster Linie die Wechselwirkung zwischen Organismus und Umwelt.

oligotroph
nährstoffarm

Pappus
die Federkrone oder der Haarschopf einiger Früchte.

perennierend
mehrjährig, beständig.

Perigynium
Hochblatt, das weibl. Blüte einhüllt z. B. bei Seggen und Riedgräsern.

Pestizide
Sammelbezeichnung für alle Substanzen, die geeignet sind, schädliche Organismen jeglicher Art zu vernichten.

phänologisch
Zusammenhang zw. Verlauf der Witterung und Entwicklung oder Verhalten von Organismen im Jahresablauf.

Phosphoreszieren
Eigenschaft mancher Stoffe, nach der Einwirkung von Licht eine Zeitlang selbst Licht auszusenden, zu leuchten.

Photonastie
eine Krümmungsbewegung von Organen ortsgebundener Pflanzen, die durch Lichtreiz bewirkt wird.

Photosensibilität
Lichtempfindlichkeit

Photosynthese
die Fähigkeit grüner Pfl., aus dem Kohlendioxid(CO_2) der Luft und aus Wasser (H_2O) Glucose (Traubenzucker) zu bilden; ein Vorgang, der sich nur im Licht und unter Mitwirkung der Assimilationspigmente (Chlorophyll a, Chlorophyll b und Carotinoiden, Phycoerythrinen u. Phycocyaninen) abspielen kann.

pH-Wert
der negative dekadische Logarithmus der Wasserstoffionenkonzentration. Diese Maßzahl für die Aktivität (in verdünnten Lösungen — Konzentration) der freien H-Ionen in einer Lösung wurde 1909 von S. P. L. Sörensen (1868–1939) in die Chemie eingeführt. Der pH-Wert schwankt in Böden zwischen 3,0 (sauer) und 8,4 (alkalisch, basisch). Bestimmte Pfl. können als Indikatoren für die Bodenreaktion angesehen werden.

Phytonzide
Pflanzenvernichtungsmittel

Phytosterole — Phytosterine
pflanzliche Naturstoffe, die sich alle vom gleichen chemischen Grundskelett, dem Perhydrocyclopentanophenatren-System ableiten.
z. B. Sitosterole (-sterine) aus Weizenkeimen
Stigmasterine aus der Sojabohne.
(bekanntestes tierisches Ph. ist das Cholesterin).

Plastide
pflanzliche Zellorganellen, die insbesondere synthetische Aufgaben haben. Man unterscheidet: grüne Chloroplasten und Rhodoplasten (bei Rotalgen) bzw. Phaeoplasten (bei Braunalgen), beide rotbraun gefärbt, die aber auch photosynthetisch aktiv sind und Blattgrün (Chlorophyll) enthalten
Chromoplasten — bunt gefärbte — in Blüten und Früchten sind dagegen photosynthetisch inaktiv.

Polykormone
vergl. Kormus
zusammenhängende Ausbreitung einer
bestimmten Pflanzenart über eine
größere Fläche.

polymorph
vielgestaltig; in der Biologie
Ausbildung verschiedenartiger Formen
(Morphen) innerhalb einer Art.

Population, Bevölkerung
die Gesamtheit aller Individuen einer
bestimmten Organismenart in einem
umgrenzten Bereich.

Ruderal-Pflanzen
(lat. rudus = Schutt)
Pfl., die an nichtkultivierten Plätzen
wie Schutthalden, Höfen, Wegrändern
wachsen. Weil eine geschlossene,
natürliche Pflanzendecke hier fehlt,
sind Adventivpfl., vor allem →
Neophyten häufig.

Saponine
in Pfl. weit verbreitete Glucoside,
deren wäßrige Lösungen schäumen,
aber nicht waschaktiv sind. Medizinisch
gehören Saponine zu den allgemeinen
Zellgiften.

Saprophyt — Moderpflanze
Pfl. Organismen, die abgestorbene
organische Substanzen aus ihrer
Umgebung aufnehmen. Sie stehen in
ihrer Ernährungsweise zwischen
Autotrophie und Parasitie: sie sind
heterotroph. Sehr häufig bei Pilzen und
Bakterien.

Separanda
giftige Arzneimittel, die abgesondert
(separat) aufbewahrt werden müssen.

Sozialion
Begriff aus der Vegetationskunde für
eine stabile Phytozönose
(Pflanzengesellschaft) von wesentlich
homogener Artenzusammensetzung.
Das bedeutet, daß wenigstens
konstante Dominanten in jeder Schicht
vorhanden sein müssen.

subatlantisch
Verbreitungstyp von Pfl., der durch die
Stechpalme gekennzeichnet ist (*Ilex
aquifolium*); Ostgrenze ist etwa die
0° — Januarisotherme (Übergang zu
kontinentalen Klimabedingungen).

subkontinental
Verbreitungstyp von Pfl., der sich
östlich an den subatlantischen Typ
anschließt. Gekennzeichnet durch
Areale von Fingerkraut (*Potentilla
alba*), Fingerhut (*Digitalis
grandiflora*) und Flatterulme
(*Ulmus laevis*).

submers
untergetaucht, unter Wasser lebende
Pflanzen.

Substrate (= Unterlagen)
in der Biologie das mit Nährstoffen
durchsetzte Material für pfl.
Organismen (vorwiegend in
künstlichen Kulturen); sehr allgemein:
Untergrund — Boden.

Symbiose
das ständige Zusammenleben von
verschiedenen Organismen zu
gegenseitigem Nutzen; z. B. Mykorrhiza,
eine Symbiose zwischen höheren
Pflanzen und Pilzen.

Taraxacin
nicht glykosidischer Bitterstoff, z. B. im
Gemeinem Löwenzahn (*Taraxacum
officinale*) enthalten.

Taxonomie
Pflanzenklassifizierung

terrestrisch
auf der Erde lebende Pflanzen.

Thallus
Vegetationskörper der niederen Pfl.
(Algen, Pilze, Flechten); wenig
gegliedert nach Gewebeunterschieden
und äußerer Gestalt (vgl. Kormus).
Scharfe Grenze zwischen Th. und
Kormus nicht gegeben.

thermophil
wärmeliebend

Trichom
Pflanzenhaar

xerotherm
wärmeliebend

zirkumpolar
  in den Gebieten rings um den Nordpol
  verbreitet: Nord-Eurasien und
  Nordamerika.

zygomorph — monosymmetrisch
  bezieht sich auf die Anordnung der
  Blattgebilde an der Blütenachse. Blüten
  mit nur einer (mono) Symmetrieebene.

Register